Mente
Emprendedora

Guía Élite Para Alcanzar Tu Máximo Potencial Y Éxito Personal

Maria Erazo-Luna

Sobre la autora:
MARÍA ERAZO
Estratega financiera, Entrenadora empresarial, Conferencista y Autora Bestselling.

Fundadora de María Erazo Enterprises, una empresa de coaching de estrategia empresarial, publicación de libros y marketing.

El primer libro que escribí es una biografía inspiradora de mis luchas internas al crecer en una familia que enfrentó inmensas adversidades al ser separada por las fronteras internacionales de los Estados.

Mi misión es trabajar con personas apasionadas y organizaciones para asesorarlos en la creación marcas inteligentes y atractivas. Entreno a empresarios y emprendedores no solo de la comunidad hispana, sino también trabajo con clientes de todo el mundo.

Nací en México e emigre a los Estados Unidos a la edad de 15 años. Actualmente resido en Michigan, con mi esposo, y mis tres hijos

Mi misión de vida es: **Ayudar a transformar tus sueños en realidad a través de la inspiración, el desarrollo personal y la conexión con propósito.**

Derechos reservados © 2018 por María G. Erazo-Luna.

Todos los derechos reservados. Este libro y ninguna de sus partes pueden ser usadas o reproducidas en ninguna forma gráfica, electrónica o mecánica, incluyendo fotocopia, grabación, taquigrafiado o algún otro medio, incluyendo sistemas de almacenamiento, sin previo permiso por escrito de la casa editora, excepto en caso de citas breves incorporadas en revisiones y artículos críticos.

Los libros de María Erazo pueden ser ordenados en librerías o contactando directamente En Amazon.com o en www.MariaErazo.com

1-(800) 279-9080

Debido a la naturaleza dinámica de Internet, alguna de las direcciones de la página web o alguna otra conexión contenida en este libro pueden haber cambiado desde su publicación y no ser válida. Los puntos de vista expresados en este libro vienen del autor y no necesariamente reflejan los puntos de vista del editor y el editor por este medio no se hace responsable por los mismos.

ÍNDICE

INTRODUCCIÓN   7

¿A QUIÉN VA DIRIGIDO ESTE LIBRO?   13

Capítulo 1
INDENTIDAD EMPRESARIAL
¿Quién soy y qué quiero hacer?   17

Capítulo 2
PRIMEROS PASOS
PARA OBTENER RESULTADOS.   23

Capítulo 3
ENCONTRANDO
TU IDENTIDAD EMPRESARIAL
Consideraciones preliminares   41

Capítulo 4
INDENTIDAD ÚNICA
NEGOCIO ÚNICO   71

Capítulo 5
ELEGIR UN NEGOCIO RENTABLE
Y ADECUADO PARA TI:
LOS FACTORES CLAVE   95

Capítulo 6
RECURSOS QUE TODO EMPRESARIO NECESITA   111

INTRODUCCIÓN

Un torbellino de opciones, mi historia personal

Cualquier destino, por largo y complicado que sea, consta en realidad de un solo momento: el momento en que el hombre sabe para siempre quién es.

JORGE LUIS BORGES

Llegué a vivir a los Estados Unidos cuando contaba con quince años de edad. En mi país de origen México había vivido la incertidumbre y la pobreza, así que cuando fui a vivir con mi madre a este país me di cuenta de que estaba en la puerta de un universo totalmente nuevo, tenía la posibilidad de establecerme como un inmigrante más, desarrollar trabajos de orden doméstico o podía perseguir el sueño americano. Esa idea estaba dentro de mi mente pero yo no lograba dar respuesta por mí misma a lo que quería alcanzar, en principio porque no tenía confianza en mis habilidades, no sabía hablar inglés y no tenía ni un centavo en mi bolsillo.

A los veintiún años de edad descubrí mi propósito de vida, mi valor personal y amor propio. Comencé a asistir a eventos comunitarios para emprendedores y allí conocí personas maravillosas, que valoraron mis habilidades como positivas y me impulsaron a estudiar, a invertir en mí misma y en mi futuro. Desde que llegué a los Estados

Unidos hasta los 23 años de edad trabajé en fábricas, restaurantes, limpiando casas, y cuidando niños. Estos eran los únicos trabajos en los que me podían contratar ya que no contaba con habilidades, conocimientos ni títulos que me permitieran obtener empleos mejor pagados. Me convertí en madre soltera a los 21 años de edad mientras me encontraba viviendo con mi hijo en una ciudad en la que no contaba con familiares a quienes pudiera recurrir para pedir apoyo. Trabajaba en una fábrica y soñaba con algún día trabajar en una oficina, un banco o en algún lugar en el que pudiera estar bien arreglada y limpia. Me compré una computadora, instalé Internet y comencé a aprender a utilizarla todos los días. Comencé a practicar el hablar en inglés y a estudiarlo con la ayuda de un diccionario.

Con el tiempo obtuve un empleo en una agencia de seguros haciendo llamadas a clientes potenciales de habla hispana, este era mi segundo empleo y lo llevaba a cabo al salir de la fábrica en horas de la noche, con el transcurso de los meses me ofrecieron trabajar en la agencia a tiempo completo y entonces dejé el empleo que tenía en la fábrica.

Después de haber trabajado como gerente y representante de ventas en la agencia de seguros por más de diez años emprendí mi propia agencia. Me capacité en diversas áreas empresariales, comencé a crecer y desarrollar diversas habilidades, sin embargo, como les ocurre a miles de personas, mientras más éxito se va logrando caemos en un laberinto de oportunidades, de propuestas, de ideas, y de opciones, nos desconectamos de nuestro propósito de vida y esto nos hace sentir vacíos a pesar de contar con una estabilidad financiera.

Ya casada, mi esposo y yo habíamos analizado cuáles eran nuestras necesidades económicas en términos de tener la vida que siempre habíamos deseado, esto significa que no sólo queríamos tener dinero para comer y pagar las cuentas, lo que ya para muchos es bastante, también queríamos tener la posibilidad de dar a nuestros tres hijos una buena educación, viajar un par de veces al año, comer en un buen restaurante de vez en cuando; aspirábamos a una alta calidad de vida. Entonces consideramos que requeríamos obtener un excedente que nos permitiera invertir, ahorrar y establecer un plan de retiro. Eso nos llevó a calcular que nuestro ingreso mensual debía ser una cierta cantidad y decidimos transformar esta meta en una realidad.

Teniendo en consideración el dinero como fin único me embarqué en una gran aventura en la que acepté formar parte de diversas organizaciones, participar de diversos negocios y colaborar con diferentes emprendimientos, el resultado fue una locura, al escribir todo en una pizarra pude observar que tenía un gran mapa que no conducía a ningún destino, la verdad estaba totalmente perdida y desenfocada.

¿Cómo había llegado hasta ahí? Es la gran pregunta. Ahora la respuesta parece fácil pero en ese momento no podía comprender lo que estaba pasando. Muchas personas me abordaron y me ofrecieron entrar en negocios en los que aparentemente no tenía que hacer un gran esfuerzo para poder ganar dinero. Acepté todas las propuestas, me propuse unas metas de índole personal y el asunto terminó más o menos así:

Periodo	Lunes	Martes	Miércoles	Jueves	Viernes
Mañana	* Promoción de cosméticos * Asesoría de Seguros	* Asesoría de eventos e imagen * Talleres de entrenamiento	* Asesoría de seguros * Redactar libro	* Bienes Raíces	* Promoción de Cosméticos
Tarde	* Bienes Raíces Negocio de ventas de chocolates	* Promoción de Turismo	* Negocio de ventas de chocolates * Desarrollo de software organizacional	* Asesoría de eventos e imagen	* Talleres de entrenamiento * Redactar libro

Todas mis habilidades estaban en condiciones de desarrollarse dentro de estas actividades, pero no me conducían más allá del éxito financiero, entonces, surgió dentro de mí una pregunta: ¿Es para esto que he sido dotada de estas capacidades?

Intentando responder a esta pregunta encontré el lazo que une el ámbito laboral con lo espiritual y es que las habilidades, capacidades y la inteligencia no son sólo para ponerlas al servicio de los otros, sino que también deben propender a dejar una huella trascendental, un legado en la sociedad, y esto no es posible si lo que se hace no cuenta con la constancia, la fuerza y la dedicación que provienen de hacer aquello que nos gusta hacer. Entendiendo esto comencé a buscar y conectar con mi identidad empresarial y hoy me encuentro plena y satisfecha, en consecuencia deseo además compartir mi experiencia de manera que otros puedan alcanzar su identidad empresarial y por ende la plenitud espiritual, la liquidez financiera y el éxito en sus vidas, aportando con ello sus dones al mundo.

¿A QUIÉN VA DIRIGIDO ESTE LIBRO?

Tu tiempo es limitado, de modo que no lo malgastes viviendo la vida de alguien distinto.

STEVE JOBS

Antes de responder esta interrogante es necesario que comprendas que este libro tiene como fin ayudarte a perfeccionar tus habilidades y canalizar tu potencial de manera que puedas alcanzar la congruencia espiritual y material. Hablamos de un entrenamiento pues consiste en un proceso de formación que, al igual que ocurre con las disciplinas deportivas, te dará la oportunidad de reconocerte para optimizar el uso que haces de las habilidades que tienes, aquellas que puedes identificar actualmente y otras que es muy posible que descubras a medida que vas avanzando en la formación.

Ten en cuenta que el objetivo del libro no es motivarte a emprender un negocio o a cambiar de trabajo; aunque el proceso tenga la capacidad de ayudarte a transformar tu vida, su fin no es motivacional, es concretamente permitir que descubras tu identidad empresarial lo cual consiste en establecer cuáles son tus potencialidades profesionales y alinearlas con tus deseos y expectativas espirituales.

Es muy común que mientras más potencialidades, habilidades y cualidades productivas tiene una persona, más difícil le resulta alinear esas potencialidades con sus requerimientos espirituales. Estas personas suelen tener grandes ideas y además de ello son susceptibles de ser convocadas por amistades, familiares y conocidos para ayudarles a alcanzar el éxito de sus negocios o empresas de diversas clases; sin embargo, todas estas capacidades se ven diluidas en un universo disperso en el que hay sobre todo mucha frustración y sensación de estar perdidos.

Estas personas no consiguen identificar plenamente lo que desean ser y hacer, su mente es dispersa. En oposición a ello, hay personas que se sienten desmotivadas a crear y avanzar porque no creen que sea posible poner ese potencial al servicio de sus vidas. Este libro está dirigido a estas personas cuyas potencialidades requieren ser encausadas para que puedan tributar al alcance de sus objetivos.

¿CUÁLES SON LOS OBJETIVOS DE ESTE LIBRO?

- Entrenar emprendedores para que puedan obtener resultados sobresalientes.

- Cambiar la perspectiva de lo que eres actualmente para permitirte alcanzar lo que puedes llegar a ser.

- Impulsar la formación de una identidad espiritual poderosa.

- Que descubras y desarrolles herramientas para la adquisición de conocimientos útiles con el fin de alcanzar el éxito.

Capítulo

IDENTIDAD EMPRESARIAL

¿Quién soy y qué quiero hacer?

Todos los seres humanos nacemos, crecemos y morimos. A lo largo de este trayecto que llamamos vida vamos superando etapas, algunos tienen la oportunidad de acompañar su proceso de crecimiento con formación académica, mientras que otros adquieren conocimientos a través de la experiencia. Lo que sin duda corresponde a todas las personas en algún momento de sus vidas es decidir de qué manera van a obtener las cosas que necesitan para sustentarse. En este punto hay quienes siguen la corriente y se entregan a un puesto de trabajo por largos años de su vida para luego retirarse y disfrutar de la vejez. Seguramente habrá personas que se sientan satisfechas de llevar su vida de este modo, pero quienes lean este libro son personas que no se identifican con esta forma de vida. Son personas que, aún si están asistiendo todos los días a un puesto de trabajo, sienten que dentro de ellos se gestan ideas y posibilidades mucho mayores, pero por alguna razón no logran que estas ideas conlleven al éxito.

Alcanzar la libertad y plenitud que proviene de los dones que posees depende de dos factores determinantes:

- Definir tu identidad empresarial

- Obtener la autoestima y la seguridad necesarias para avanzar

Para ello es necesario plantearse dos preguntas importantes ¿quién soy? Y ¿qué deseo hacer? Responder parece fácil pero una vez que lo piensas mejor esto puede generar una larga lista, es el momento para hacerla.

Una vez que has colocado fuera de ti toda la maraña de ideas y valoraciones que tienes sobre ti mismo es más fácil tener una visión panorámica y objetiva de la diversidad de aspectos que componen tu personalidad y tu identidad, esto será relevante a la hora de definir tu identidad empresarial.

¿QUÉ ES LA IDENTIDAD EMPRESARIAL?

Esto de la identidad empresarial suena muy bien, pero qué es exactamente. Recordemos que la identidad son aquellos rasgos que nos diferencian de las otras personas, son esos detalles que nos hacen únicos.

Cuando nos referimos a la identidad empresarial estamos estableciendo que cada persona tiene el potencial de proponer, crear y poner en marcha emprendimientos, negocios y empresas, respaldados por sus destrezas y habilidades; así como la capacidad de constituirse a sí mismo en una marca con cualidades únicas que son generadoras del interés de terceros.

La identidad empresarial no sólo nos habla de la posibilidad de hacer un negocio, sino de la necesidad de definir qué elementos de nuestra personalidad y nuestra capacidad productiva nos definen de manera única, partiendo de la delimitación de nuestro tipo de negocio ideal y nuestra vocación, para así alcanzar la relación armónica entre nuestras expectativas personales -espirituales- y el éxito productivo.

Mediante la definición de la identidad empresarial una persona podrá dejar atrás negocios y empleos no satisfactorios para abrirse paso a la obtención de la libertad financiera y espiritual, es decir, no sólo vas a poder vivir de un negocio rentable, sino que su desarrollo te resultará placentero.

La definición de la identidad empresarial es un proceso de carácter individual, que te convoca a dejar de pensar a través de otras personas, de manera que puedas escuchar mejor tu voz interior y desarrollar mediante ella tus propias capacidades.

La identidad empresarial permite que obtengamos tranquilidad y fortalece de manera equitativa los siguientes elementos de nuestras vidas:

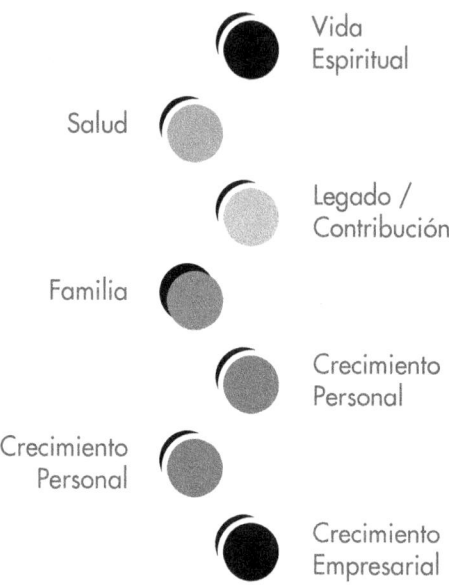

Alinearnos con cada uno de estos aspectos de manera equitativa y balanceada, nos ayuda a proyectar una identidad sólida, así podemos lograr que exista correlación entre nuestra capacidad productiva, el éxito financiero y la libertad espiritual.

Capítulo

PRIMEROS PASOS PARA OBTENER RESULTADOS

Un camino no es genuino sin antes haber trazado algún obstáculo, pues de ellos se aprende a crecer no por cuan extensos sean los pasos, sino con cuánta fe los das.

PEDRO PANTOJA SANTIAGO

Cuando estaba en el torbellino de encontrarme a mí misma y definir mi identidad, me topé con muchos obstáculos. En ese momento creí que todo lo que me ocurría era producto de agentes externos, sin embargo, con el tiempo pude comprender que todo estaba dentro de mí.

Muchas veces sentí que no iba a poder continuar, que no tenía el dinero suficiente, que no contaba con los recursos necesarios, que estaba abandonando a mi familia y mucho más importante que me estaba alejando de Dios. La realidad es que todos estos temores que se erigían como murallas entre lo que estaba viviendo y lo que en realidad soy y quiero ser estaban en mi mente; eran la respuesta a una pulsión incontrolable por llegar demasiado rápido a la meta, sin tener en cuenta que el éxito es un camino constante que nos decidimos a vivir y no un momento en el tiempo futuro.

Descubrir, identificar y accionar a partir de la identidad empresarial requiere que nos comprometamos a mantenernos atentos a cada paso que damos y a los resultados que obtenemos de dichas acciones.

ENFÓCATE

El compromiso de estar presentes nos permite vivir una vida con propósito y tener éxito en el área en la que nos enfoquemos.

Gran parte del problema de las personas talentosas, creativas y emprendedoras es que generalmente su mente divaga transitando de una idea a otra de modo que no pueden enfocarse con precisión en lo que están realizando. En algunas oportunidades las personas creen de manera equivocada que este es el resultado de tener la capacidad de ocuparse de varias cosas a la vez, sin embargo, esto tiene como irremediable consecuencia que no podamos observar con claridad los obstáculos que se presentan, ni tampoco disfrutar de los procesos y logros que vamos alcanzando.

El siglo XXI se caracteriza por haber materializado el sueño de establecer medios de comunicaciones más eficientes, veloces e inmediatas; esto trajo consigo la introducción en nuestras vidas de disímiles agentes de distracción que pueden hacernos sentir estancados y desvinculados con el alcance de las metas que nos hemos planteado. Mientras permitimos que nuestro foco de atención se haga difuso, incrementando la dispersión, vamos limitando nuestra capacidad de terminar nuestros objetivos a tiempo y por consecuencia su calidad disminuye.

La mayoría de las personas soslaya el factor enfoque cuando se habla de su relación con el entorno. Sin embargo, prestar atención a los elementos que nos rodean, así como a las señales que emiten las personas con las que nos interrelacionamos puede significar una mejora importante en la manera en que procesamos los saberes. La comprensión, el aprendizaje, la escucha, la creatividad y la lectura de las señales que emiten las otras personas son parte de esos procesos que se ven afectados positivamente cuando se aplica un enfoque efectivo.

A través de la atención, el pensamiento positivo y la preparación para el enfoque, se pueden alcanzar con mayor grado de eficiencia las metas que nos hemos propuesto.

ATENCIÓN SELECTIVA

De tal magnitud se han vuelto los focos de distracción a los que nos vemos expuestos constantemente que si dejamos el móvil en casa sentimos una terrible necesidad de revisar si hemos recibido una llamada, email o mensaje de texto, de modo que si al buscarlo nos conseguimos con que no hay actividad nos sentimos terriblemente decepcionados.

Resulta a veces incomprensible cómo es que podemos hallar personas que, por ejemplo, se sientan a escribir poesía en una cafetería llena de gente. Esto significa que a pesar de existir en su entorno una gran cantidad de agentes externos que pudieran distraerlos, estas personas pueden ignorarlos y dedicarse únicamente a su tarea.

Los estímulos que pueden apartarnos de la realización de nuestras tareas van desde el teléfono celular, las redes sociales y el correo electrónico hasta los ruidos, colores e imágenes del ambiente. Algunos estímulos son de carácter sensorial, por ejemplo, los sonidos colores y formas; mientras que hay otros de tipo emocional, entre los que se incluyen los estados de ánimo; es más difícil prestar atención a la tarea que se está desarrollando si existe en nosotros una emoción intensa como la rabia.

Normalmente es mucho más fácil mantener la atención centrada cuando las tareas nos resultan agradables, en las que sentimos que tenemos un reto intelectual o que nos permiten inspirarnos, mientras que solemos perderla en aquellas que nos resultan repetitivas y que no nos interesan. La atención selectiva es un músculo que puede ejercitarse y al hacerlo es muy posible mejorar nuestro desempeño. Es decir, podemos lograr aplicarla en cualquier circunstancia para llevar a buen término nuestras obligaciones, metas y proyectos.

Mientras mayor es el enfoque en una tarea, mejores serán los resultados. Mantener el objetivo claro y suprimir todos los estímulos emocionales, nos permite mantener la tranquilidad y abordar las tareas de manera fluida y a su vez exitosa.

El camino más propicio para el alcance de una meta es enfocarse, culminar y avanzar hacia el siguiente paso.

Cuando nos damos cuenta de que estamos avanzando sentimos un alto grado de satisfacción. Sin embargo, las distracciones disminuyen nuestra capacidad ocuparnos de nuestros asuntos propios y por ende disminuyen la capacidad que tenemos de aprender y descubrir cosas nuevas, a tal punto que la adicción a uno de los distractores más importantes de nuestro siglo –la internet- ha sido diagnosticada como un problema de salud mental en algunos países de Asia.

Así como nuestro teléfono móvil, computador y otros dispositivos muy comunes en nuestros tiempos; el cerebro cuando no se encuentra en una tarea específica se mantiene en modo de espera y de igual manera que en nuestros equipos tecnológicos existe una forma predeterminada de establecerse, es el "modo errático", en el cual nuestra mente actúa como si fuera un protector de pantalla presentándonos posibles escenarios futuros, memorias, auto reflexión y hasta realizando procesos de auto cuestionamiento. Mientras esto ocurre tus sistemas sensoriales se atenúan, mientras que cuando te encuentras en el desarrollo de tareas específicas que ocupan tu atención se sofocan los estímulos, por lo que mantener el enfoque en algo de manera incisiva es terriblemente agotador, por ello nuestra mente requiere de periodos de descanso en los que puede meditar, hacer cosas divertidas o ejercicio.

Gozar de un coeficiente intelectual alto no es necesariamente un boleto al éxito empresarial, un buen emprendedor debe ser además un líder y para ello debe gozar de autoconciencia.

MANTÉN LA ENERGÍA ARRIBA

Toda persona que emprende un negocio se ve en la obligación de establecer relaciones con clientes, proveedores y otra buena cantidad de personas. De estas relaciones depende en gran cuantía el éxito de nuestro negocio, para ello no es sólo necesario mantener un clima de cordialidad, sino también una buena actitud en tanto la energía es contagiosa como la risa y las lágrimas.

Si deseamos que nuestro negocio avance no podemos dejar que la energía negativa, la flojera o la falta de actitud nos dominen. Debemos tener claro que lo importante no es lo que ocurre en nuestras vidas, sino la forma en que reaccionamos de frente a las diversas circunstancias que enfrentamos. Aún en los casos en los que nos agobien los obstáculos o los sucesos que parecen poco favorables, es necesario enfocar nuestra energía en el alcance de nuestros objetivos manteniendo el ánimo en un nivel óptimo de modo que cada cliente se sienta atraído por esa energía positiva y de este modo se disponga a adquirir lo que sea que hayamos puesto en el mercado.

ÁMATE Y AMA LO QUE HACES

Sin amor propio y amor por lo que hacemos es imposible obtener el éxito. Para mí esto fue algo duro de comprender y cambiar.

Habiendo crecido en un pueblo muy pobre, rodeada de mucha miseria e incertidumbre, era muy complicado sacar de mi mente la idea de obtener dinero por cualquier medio para satisfacer las necesidades básicas de mi familia. Andaba como un mapache cazando cualquier oportunidad para obtener lo necesario para la vida. Mi mente estaba cerrada a comprender que vivir no es solo comer, dormir y respirar.

Así fui programada, para que el transcurrir de los días fuera una lucha por alcanzar lo mínimo necesario, por lo tanto, una vez que había logrado poner el plato de comida sobre la mesa y pagado las facturas sentía que ya había logrado mi cometido.

El mundo desde esa perspectiva es un espacio muy vacío, así las personas encuentran el placer en la enajenación, en el juego, en cosas superfluas, no en los dones y virtudes de los que están dotados; tampoco en las maravillas que les ofrece el mundo.

Conocer personas de diferentes clases sociales, observar su admiración hacia mis capacidades, me situaron ante el auto cuestionamiento del modo de vida que llevaba; esa siempre ha sido una de mis virtudes y también uno de mis peores defectos, cuestionarme y cuestionar lo que hago.

En esa oportunidad me sirvió para comprenderme mejor y comprender que mis oportunidades eran y son ilimitadas.

Iniciar la búsqueda de una identidad empresarial requiere de un profundo amor propio, una autoestima alta que te permita creer que tus potencialidades te pueden conducir hacia el éxito. Si bien este programa no está orientado a sanar tus heridas emocionales, mediante diferentes recursos podrás reprogramar tu mente de modo que no constituya una barrera para el logro de tus objetivos.

La mente humana es programada de manera consuetudinaria por diferentes agentes de los cuales es posible que no tengamos conciencia; nuestros padres, la familia, la escuela, los medios de comunicación y la sociedad en general son algunos de los agentes que aportan información que pudiera programar nuestra mente. Ahora bien, el cerebro funciona como un dispositivo de almacenamiento, digamos como el disco duro de un computador, cuando nacemos se encuentra vacío, luego comienza a registrar información de todas índoles a una velocidad increíble. Los niños aprenden a reír cuando desean que les demos algo y a llorar si no lo obtienen; claro está que la mente no se puede borrar en su totalidad como un computador, pero se puede reprogramar.

Todo niño desarrolla sus habilidades de manera libre, creativa, espontánea hasta que un adulto le indica y programa para hacer cada cosa en un momento y de una manera determinada. Asimismo, cada niño se reconoce hábil, inteligente y capaz hasta que un adulto le hace creer que no es así. La programación de una persona supera su libre albedrío, pues a pesar de llegar a la edad adulta y poder reflexionar sobre las diversas situaciones que componen su vida, la información que le permite lidiar con ellas subyace a todo razonamiento lógico, entonces nos encontramos con personas muy inteligentes y capaces que no se atreven a emitir opiniones o iniciar proyectos debido a que su mente ha sido programada para creer que su criterio carece de importancia.

¿CÓMO HEMOS SIDO PROGRAMADOS?

La programación de un ser humano puede darse de dos maneras una directa cuando padres, madres, docentes y personas que tienen niños bajo su cargo introducen sus valores propios en la enseñanza y forma de vida del niño; una indirecta que se gestiona mediante el entorno social y cultural en los que este se desarrolla. A menudo la programación directa es la que marca la percepción de identidad que tienen las personas sobre sí mismas, si un niño es susceptible de refuerzos positivos durante su crecimiento será una persona con una valoración positiva sobre sí mismo; si por el contrario recibe constantes señalamientos negativos así será su autovaloración.

A lo largo del proceso para hallar tu identidad empresarial es necesario identificar las creencias negativas que han sido implantadas en tu mente y reprogramarla desarrollando así mayor seguridad, amor propio y por ende abriéndote a la posibilidad de obtener los beneficios de ser una persona que siente amor por sí misma.

 *Una condición indispensable de las personas que tienen éxito es que están plenamente seguras de que van a lograr lo que se han propuesto.*

ELEVA LA APUESTA

Recuerda que mereces todo aquello por lo que estés dispuesto a luchar, el negocio que quieres tener será siempre del tamaño de tu expectativa y esta ha de ser del tamaño del amor que sientes por ti.

Si por tu mente pasa la idea de que lo que imaginas es imposible de lograr, que no te lo mereces o que no tienes los recursos suficientes para lograrlo es porque has caído en el conformismo y este es el resultado de no creer en ti.

Un emprendedor exitoso es una persona que cree en el trabajo duro, cuyo ánimo está presto a los riesgos porque ha asumido que puede obtener beneficios tanto materiales como espirituales superiores a los que le puede proporcionar un empleo. Para ello debe estar dispuesto a hacer lo necesario para que su emprendimiento tenga éxito.

 *No hay límites para lo que puedes lograr si crees en ti.*

TRAZANDO LA ESTRATEGIA CORRECTA

La improvisación no es una buena amiga cuando de negocios se trata, si bien una buena cuota de espontaneidad puede ser positiva, una identidad empresarial sólida debe sustentarse en un plan y toda planificación parte de ciertas interrogantes:

- ¿Qué deseamos hacer?
- ¿Por qué lo queremos hacer?
- ¿Para qué queremos hacerlo?
- ¿Para quién lo hacemos?
- ¿Cómo lo haremos?
- ¿Cuándo y dónde lo llevaremos a cabo?

En general los emprendedores responden con gran velocidad a estas preguntas, dedicando poco tiempo a pensar en la mayoría de ellas, deteniéndose en el "cómo". La mayor parte de las metodologías se fundamentan en dar respuesta a esta pregunta, son amplias en el desarrollo de lo concerniente a responder de qué manera serán alcanzados los objetivos, sin embargo, la consecución de una identidad empresarial propia y única depende de dar respuesta al "por qué".

La pregunta más antigua que se ha hecho es "por qué existo" y todos los seres humanos nos la hemos formulado alguna vez, de hecho, la filosofía y la ontología son dos disciplinas que tratan de entender cuál es la causa por la cual hemos sido dotados de inteligencia y cuál sería la razón por la existimos en este planeta y no en otro. La respuesta puede hallarse en la religión, pero cuando la pregunta ya no se realiza pensando en la humanidad, sino en nuestro ser individual debemos hallar la respuesta en nosotros mismos. Una vez que hemos identificado el "por qué", podemos encaminarnos a descubrir el cómo.

El emprendimiento de acciones por las razones correctas te mantendrá motivado de manera que vas a poder culminar satisfactoriamente todo aquello que lleves a cabo.

UNA SOLA CARA

Hoy en día los emprendedores se enfrentan a diferentes retos, el principal de ellos es la diversificación y apertura del mercado de bienes y servicios que ha devenido del internet trayendo consigo la posibilidad de que un niño de trece años pueda discutir en un programa de televisión las condiciones de un negocio exitoso con un poderoso inversionista. Esto hace que el mercado esté repleto de personas con ideas innovadoras que persiguen lo mismo que tú, el éxito y lo que diferencia a quienes lo logran del resto son tres cosas:

- Confianza en sí mismos

- Capacidad de venta

- Códigos de conducta únicos

Del primer punto hemos hablado anteriormente, del segundo basta con decir que promover un emprendimiento radica en la capacidad del emprendedor vender su producto, cualquiera que este sea. Un gran ejemplo de ello es la estrategia establecida por la conocida empresa de ventas en línea, Amazon, cuyo nicho inicial fue la comercialización de libros. Quienes han incursionado en las ventas saben que la literatura siempre ha sido un hueso duro de roer, pero podemos atribuirle a esta empresa la cualidad, no sólo de establecer un medio de comercialización efectivo, sino de abrirle la puerta a los nuevos talentos haciendo del libro digital un novedoso mercado al que todos podemos acceder. Nada de esto hubiera sido posible sin una estrategia de ventas certera.

Por su parte, el código de conducta es la esencia de nuestro comportamiento.

Obtener una identidad empresarial es constituirse en una marca y cuando esto ocurre la valoración que tienes de ti mismo debe ser positiva y no depender de la visión de los otros. Es contradictorio suponer que tener una vida profesional intachable, basada en la honestidad y el trabajo duro pueda estar desvinculado de la vida personal, pues cuando nos referimos a la identidad estamos hablando de un valor personal e individual cuyas características no pueden estar segmentadas.

La forma en que nos comportamos obedece a nuestro código de conducta y lo que debe lograr una persona en la búsqueda de tener una empresa exitosa es que ese código sea aplicable a cada uno de los ámbitos de su vida. Si bien el ser humano se representa de manera diferente dependiendo la situación en la que se encuentre -nos ponemos traje para ir al trabajo, bañador para ir a la playa- el concepto de sí mismo debe ser único y su desempeño debe ser ético y honesto en cualquier circunstancia. De la misma manera que cuidamos la limpieza de nuestra oficina, así debemos mantener limpia la playa.

Tener una sola cara, es una premisa que no debemos olvidar, pues al hacer de nuestro comportamiento un valor único entregamos la misma cantidad de bienestar a nuestra vida personal y profesional, de manera que este equilibrio sea conducente a nuestra satisfacción plena, a nuestro éxito.

CONDUCTA ÉTICA

En el desarrollo de sus actividades, el ser humano debe establecer un compromiso ético. La ética es aquella rama de la filosofía que estudia el bien y el mal, su relación con el comportamiento humano y la moral. En el desarrollo de la vida cotidiana la ética supone los valores, costumbres y normas que rigen el comportamiento de una persona dentro de una comunidad.

A pesar de que mayormente se le atribuye connotación positiva a la ética, las personas cuyo comportamiento está al margen de la moral y las buenas costumbres, también responden a unos principios éticos aunque estos estén distorsionados. Ahora bien, ya que hemos hablado de los códigos de conducta, es importante hacer referencia a los patrones éticos que deben estar vinculados a ellos.

Un barrendero que está inconforme con su trabajo ya sea porque no le gusta lo que hace o porque las condiciones de trabajo (horario, salario, etc.) son inapropiadas, tiene varias opciones. La primera es renunciar, pero muchas veces las limitaciones autoimpuestas impiden que las personas se sientan libres de cambiar de empleo, el cambio les genera sensación de incertidumbre, en consecuencia, prefieren continuar, aunque la cotidianidad se les vaya convirtiendo en una tortura, en este último caso, el barrendero tendrá la opción de solicitar y luchar por reivindicaciones laborales y/o mejoras en sus condiciones de trabajo. Empero, algunas personas creen que esto no debe ser así, que las mejoras laborales deben provenir del corazón del empleador o mucho peor, consideran que luchar no vale nada, porque puede costarles el puesto de trabajo. En consecuencia, es muy probable que esta persona haga su trabajo de manera inadecuada e incluso, incurra en el robo o la estafa a su empleador.

Es común escuchar argumentos del tipo: "esa empresa no es mía", "no me voy a hacer rico por hacerlo mejor". En el peor de los casos, cuando se cometen acciones delictivas en contra del empleador, se justifica bajo la premisa de que lo merece por su mala voluntad.

Tener una ética intachable es un asunto de autoestima. Parte de ello es evitar estar en lugares en los que no estamos a gusto, es además comprometernos a ser cada día mejores, comprender que podemos equivocarnos porque el error es parte de la vida, de hecho siempre debemos estar abiertos a la posibilidad de equivocarnos para con ello poder superar el mal momento de manera positiva.

Mantener un código de conducta ético implica que todo aquello que hacemos, lo hacemos bien, porque estamos capacitados para ello, porque tenemos confianza en que somos merecedores de todo lo bueno que deseamos, para con ello dejar atrás las vicisitudes.

CAPÍTULO 3

ENCONTRANDO TU IDENTIDAD EMPRESARIAL

El trabajo ayuda siempre, puesto que trabajar no es realizar lo que uno imaginaba, sino descubrir lo que uno tiene dentro

BORIS PASTERNAK

Habiendo explorado el mundo empresarial desde diferentes ámbitos y experimentado en una gran cantidad de rubros, comprendí que lo más importante era definir aquello que me resulta más loable, placentero. No sólo lo que quiero hacer sino quién soy dentro de ese espacio, ese ámbito en el que puedo dejar un legado capaz de mejorar la vida de otros y hacer del mundo un lugar mejor. Fue un proceso importante de reflexión, de autoconocimiento y de trabajo sostenido por comprender lo que soy y lo que estoy en capacidad de dar. Para ello recorrí un camino en el que pude determinar cómo iba a trabajar desde ese momento y para siempre.

Para conocer mi identidad empresarial tuve que diferenciar entre las pasiones y las actividades. Las pasiones son las cosas que nos gusta hacer, mientras que las actividades son efectivamente esas cosas que tienen la capacidad de ser puestas al servicio de otros.

Las pasiones pueden ser transformadas en productos, por ejemplo, si eres una persona que disfrutar ver programas de animales en la televisión y conocer los detalles de cada uno, quizás puedas convertir esa pasión en un libro, un software o un accesorio para ver la televisión mejor; pero difícilmente el acto en sí mismo de ver animales por televisión tiene carácter

Ten en cuenta que un negocio, aún si es para la prestación de servicios comercializable, debe tener valor de intercambio; es decir, debe generar interés comercial en tus potenciales clientes pues es esto lo que le da la capacidad de tener éxito financiero. En el mercado hay necesidades y oportunidades; identificar las necesidades del mercado significa dar respuesta a demandas no satisfechas, se trata de llenar un vacío en el mercado. Mientras que una oportunidad es cuando el mercado ofrece respuesta a una necesidad, pero esta es limitada o poco eficiente y tú has conseguido la manera de mejorarla.

Si miras a tu alrededor te darás cuenta de que hay en el mundo una cantidad increíble de negocios, en mi caso, muchas veces me pregunté por qué un vendedor escogía un producto para comercializarlo y no otro, muchas pueden ser las razones entre ellas conocer el producto, tener relaciones que facilitan la comercialización e incluso herencia familiar. Todas estas razones pueden tener validez, pero en el fondo se reducen a la necesidad del individuo de generar dinero, por lo tanto, esa prosperidad económica podría estar pesando sobre la espalda del emprendedor quien guiado por la codicia dedica su vida a una actividad que probablemente lo hace muy infeliz y en consecuencia su energía para desarrollarla es poca, trayendo resultados mediocres a sus esfuerzos.

A lo largo de mi vida conocí un buen número de personas, entre ellas a un ser especial que estudió un par de carreras en la universidad en su país natal, Venezuela. Al llegar a los Estados Unidos tenía la posibilidad de involucrarse en la docencia o pudo haberse dedicado a otra cantidad de actividades vinculadas en mayor o menor cuantía con su formación académica; pero a él le gustaba el teatro de calle, eso de subirse a unos zancos para divertir a niños y niñas con cuentos y malabares. Muchas personas se burlaron de él, le dijeron que de eso no podría vivir, pero él no desmayó, se subió a los zancos un día tras otro hasta que logró desarrollar una identidad empresarial con la que imbricó su afición con una idea de negocios viable, animando fiestas y eventos. Hoy dirige un negocio exitoso, no sólo por la productividad financiera, sino porque vuelca todo su amor en él y se siente pleno. Claro está que todas las personas que hacen lo que les gusta no necesariamente pueden alcanzar la productividad económica necesaria para vivir de ello. Es por ello que debemos tener clara que nuestras pasiones no siempre pueden llevarse a cabo en forma de negocios, a veces pueden transformarse en oportunidades, pero en otros casos debemos respetar su cualidad de ser únicamente actividades para el placer personal.

 *A pesar de que una de las premisas más importantes que debes tener en cuenta a la hora de poner en marcha un emprendimiento es que debe ser generador de dinero, iniciar un negocio tan sólo para ganar dinero no es la mejor opción; si bien el establecimiento de un negocio debe permitirte tener éxito financiero, iniciar un emprendimiento motivado únicamente por el dinero es un gran error.*

En general las personas se inhiben de emprender una empresa por no identificar una idea lo suficientemente buena para establecer un negocio. Esto puede ser el resultado de un exceso de ideas o de la carencia de ellas.

Las inseguridades son barreras muy poderosas que instaladas en la mente humana impiden que las personas avancen, de modo que es posible que a pesar de tener excelentes ideas tengas el temor de no escoger la más adecuada o, teniendo muy claro lo que deseas hacer, te sientes incapaz de llevar tu proyecto adelante por temor al fracaso; resulta un poco más complicado cuando las personas no pueden reconocer ninguna idea viable de negocios.

Batallar con el deseo de ser independiente, sin poder ni siquiera escoger a qué dedicarte puede ser aterrador y generar sentimientos de frustración. Sin embargo, el compromiso con el cambio te ha conducido a tomar este entrenamiento mediante el cual podrás construir estrategias que te impulsen a derribar las barreras que te separan del éxito.

 *Iniciar un negocio requiere compromiso y trabajo constante, la disciplina será tu mejor aliada; pero debes recordar que no hay garantías cuando se trata de un emprendimiento. Iniciar un negocio es un gran paso y mantenerlo es un trabajo de todos los días.*

Ser un emprendedor implica asumir riesgos, de manera que será necesario prestar atención a nuestros instintos, investigar nuestro mercado y sus opciones, sobre todo comprender que vamos a cometer errores y sufriremos algunos rechazos, pero que estos nos permitirán ajustar nuestras estrategias de manera que nos acerquemos más a nuestra meta.

Debemos asumir que el error es una posibilidad certera e incluso necesaria para poder avanzar. No existe manera de prever el futuro, pero podemos estar seguros de que nos equivocaremos en algún punto y esa será una oportunidad para aprender. El trabajo de investigación sobre nuestro producto, el mercado, la economía, las estrategias de marketing son herramientas muy útiles pero no impedirán que algunas de las acciones que emprendas sean poco acertadas; si de antemano estás en sintonía con la posibilidad de equivocarte, cuando ocurra, podrás sacar el mejor provecho de ello.

ACTIVIDAD PRÁCTICA

Lee detenidamente las instrucciones y responde a las siguientes preguntas:

Antes de comenzar este proceso debes desconectarte del entorno y enfocarte en cada pregunta, si tienes alguna duda, pon la mano en tu corazón y medita cada respuesta. Tus respuestas deben ser razonadas, no coloques aquello que pienses es política o socialmente correcto; ten en cuenta que este proceso te guiará a conocer tu marca personal y debes ser lo más sincero posible. Tómate el tiempo necesario, no importa que tardes un poco.

1. Escribe cinco nombres de personas que admiras y describe los valores que conllevan a esa percepción positiva que tienes de ellos, sean hombres o mujeres, estén vivas o muertas.

No es necesario que conozcas a estas personas, pueden ser autores, actores, personalidades del entretenimiento, la política o cualquier ámbito de la vida por quienes sientas admiración. También puede ser personas de tu cotidianidad, vecinos, amigos, maestros, entrenadores o familiares. Simplemente céntrate en las cualidades que admiras en ellas. Evita imponer los nexos como respuesta, es decir, si una de las personas de tu lista es tu madre, describe tu admiración a partir de sus valores y no simplemente por el hecho de que es tu madre.

2. Responde: ¿Quién eres?

    a. ¿Cómo te describen normalmente?

    b. ¿Cómo te describes a ti mismo?

3. Especifica tus logros académicos, certificaciones y formación en general, incluso si es autodidacta. Esas habilidades y conocimientos que ya posees. Me refiero a esas cosas que le planteas a la sociedad cuando te vas a describir y que pueden llamar su atención.

4. Si Oprah Winfrey o algún presentador de televisión de un programa de fama mundial te invitara a su show, cuáles serían los tres temas de los que hablarías o te gustaría hablar en su show. Tres temas de los cuales vas a poder hablar en su programa. ¿Cuáles serían? Ahora de esos tres temas encierra uno en un círculo.

5. ¿Cuál es tu gran promesa de mundo? ¿Qué soluciones puedes aportar a otras personas? En el mercado hay muchos problemas y necesidades que las personas requieren solventar ¿qué puedes tú resolver para ellos en éste momento, tengas o no tengas los recursos?

6. Hay un problema, identifícalo, ahora cuál es la promesa que vas a llevar al mundo, esa que sólo tú puedes resolver. Si tienes más de un par opciones puedes anotarlas, pero no hagas una larga lista de presumiendo que vas a impactar en la salud de los niños, los padres, todo el mundo y los animales también. Céntrate en tus habilidades, en lo que eres y quieres ser para el mundo.

7. ¿Qué tan rápido puedes llevar tu promesa al mundo?, qué tan rápido puedes comenzar a llevar esa solución al mundo, cuánto tiempo te tomaría prepararte, estructurarte, estructurar tu empresa, conseguir lo que se necesita, los recursos, las asociaciones.

8. Nombra tres personas históricas quisieras tú conocer y por qué y ¿cuáles serían las tres preguntas que les harías? Luego visualiza, qué crees que esas personas te contestarían y escribe sus respuestas.

9. Si tienes 24 horas para estar en la mejor biblioteca del mundo, cuáles temas escogerías para realizar una investigación ahí mismo y ¿por qué?

10. ¿En qué crees que le han mentido a la gente?, a la humanidad. Yo creo que a la gente le han mentido en tiene que hacer qué, ser de qué manera. Por ejemplo que ya los viejos no sirven para nada; una cosa que te moleste y que sientas que es una gran mentira.

11. Qué te motivaría a cruzar dos rascacielos en una viga de cinco centímetros. Hay dos edificios de cincuenta pisos cada uno y hay una tabla de madera que está conectando los dos edificios, qué te motivaría.

12. Si les preguntaran a tus hijos y a tu familia, dentro de 5 años, ¿cómo quisiera que ellos te describieran en una oración?

13. Cuáles son las tres personas que han creado el impacto más grande en tu vida y por qué, ¿qué ser o creación de la naturaleza te representa?

14. ¿Quién es tu avatar? Imagínate a esa persona a quien tú podrías servir, con quién podría trabajar, para quién, quién sería esa persona ideal, descríbela.

15. Si escribieras un libro en qué categoría de Amazon estaría.

16. ¿Cuál sería el nombre de tu libro? ¿son diferentes el título y el subtítulo? El título es la idea general y el subtítulo es la delimitación de esa idea, el ámbito específico en que vas a aplicar tu esfuerzo.

17. Todos tenemos una habilidad que nos hace sentir especiales ¿cuál es la tuya? ¿Cuál crees que es tu mejor cualidad? ¿En qué crees que eres brillante? ¿Qué es eso que crees que puedes aportar al mundo de manera única?

18. ¿Qué actividad desarrollarías aunque no te pagaran?

19. ¿En qué actividades inviertes tu tiempo libre? ¿Sobre qué te gusta adquirir conocimientos? ¿cuáles son tus búsquedas frecuentes en la red?

20. ¿Qué tema o actividad inspira tu creatividad? ¿Sobre qué hablas frecuentemente sin sentir aburrimiento?

21. A qué te dedicarías si tuvieras la garantía de que no fracasarías.

Ahora aterriza tu identidad empresarial basada en las respuestas a las preguntas anteriores:

1. Tomando en consideración las características y valores que has expresado en la respuesta a las preguntas anteriores haz una lista de al menos 20 adjetivos que consideres te describen mejor, con aquellos con los que te identificas más.

Cuando hablamos sobre los atributos que admiramos de las diferentes personas que mencionamos a lo largo del cuestionario estamos manifestando nuestros anhelos y más profundas pulsiones interiores.

2. Luego de leer detenidamente la lista de adjetivos inicial, selecciona 10 palabras que te describen de forma más precisa, escríbelas a continuación.

3. Crea una oración de cinco palabras con cada uno de los adjetivos de la lista previa. Comienza cada oración con la frase "yo soy un/una:"

4. Lee todas las oraciones varias veces e identifica cuál es la que te hace sentir mejor. Cuando lo hayas logrado sabrás cuál es tu identidad empresarial.

Felicidades por haber completado el cuestionario de la Identidad Empresarial. Este proceso fue diseñado para la persona que sabe que tiene potencial, pero no sabe dónde enfocarse. Tiene demasiada información valiosa y no sabe qué hacer con ella. Le encanta ayudar a los demás, pero se siente frustrada, perdida, y confundida en su vida profesional. Tiene muchas ideas y no saben qué hacer con ellas. Salta de una empresa a otra en busca de la "correcta", pero al final se siente vacía y frustrada por la falta de éxito. Una vez que obtienes una Identidad Empresarial definida estarás listo para servir al mundo y cumplir con tu propósito de vida! A continuación te comparto varios ejemplos de identidad empresarial de personas que han completado este proceso:

María Erazo- autora de este libro "Entrenadora de marca empresarial"

Reynaldo Mayans "Coach de liderazgo Desarrollando líderes apasionados y de fe del hoy y el mañana"

Janissa Rodríguez "Artista de Definición de belleza"

Maylet Rangel "Conferencista inspiracional de superación personal y liderazgo"

Paola Mendivil "Entrenadora de cultura empresarial latina"

Mary Rodríguez "Conferencista de salud emocional, física y espiritual"

> María Villagomez "Coach de libertad total en autoestima y superación"

El siguiente paso a tomar una vez que has descubierto y aterrizado tu identidad empresarial es tomar acción masiva y llevarla a cabo.

AUTOSUGESTIÓN Y FE

Desarrollar una actividad bajo el conocimiento de que la vida de otra persona puede cambiar, sólo por el hecho de haberte conocido, no tiene precio.

Cualquier persona tiene la capacidad de iniciar un negocio y ganar dinero con él, sin embargo, la rentabilidad de un negocio no es el único factor que incide sobre la realización de un ser humano. La plenitud proviene de hacer aquello que amas hacer, y de la satisfacción de saber que mediante ello das un beneficio al mundo que te rodea.

Tu identidad de negocios debe ser algo que se promueva a partir de tu fuerza interior, de tu autoestima y de tu seguridad en que lo que haces tienen valor para ti, pero también para el mundo.

Estructura y dirige tu pensamiento de manera que pueda servir como motor para llevar a cabo todas las acciones necesarias en favor de alcanzar el éxito.

La autosugestión, es parte del proceso de reprogramación de tu mente. Implica imaginar con alegría que todos los pasos que debes seguir para poner en marcha tu emprendimiento, así como la relación con tus clientes y la satisfacción que aspiras generar en ellos. Significa sentir que ya eres eso que quiere poner en marcha, que lo has logrado y no dudar ni un minuto que es posible.

Una vez que nos sugerimos algo, tomamos la decisión de algo que queremos hacer, el siguiente paso es planificar cómo lo vamos a lograr. Definir metas a corto, mediano y largo plazo, para luego ponerlas en práctica.

La fe es creer en algo fervientemente, pero también es trabajar para ello.

Las personas tenemos dos personalidades internas, una personalidad negativa y una positiva. La personalidad positiva es la que siempre cree en nosotros es la que te dice tú puedes, tú puedes y vamos por tus metas y la personalidad negativa es esa convicción mental, es toda esa información negativa limitante, los virus. Es información que viene de afuera pero que se instala en nosotros de modo que va dominándonos.

Durante el proceso de autosugestión ese niño asustado, esa niña asustada, ese adolescente rebelde, ese adolescente enojado, confundido, perdido que estaba ahí va a querer regresar y te va a decir que tú no eres eso que suena bien, tú no eres eso, tú no puedes hacer eso. Cuando hacemos un esfuerzo mental, una decisión mental, podemos combatirlo, pero cuando lo combinamos con una actividad física podemos llevarlo a la realidad más rápido, porque ahora nos los estamos comunicando en los diferentes niveles de nuestro subconsciente.

ACTIVIDAD PRÁCTICA

1. Toma una tarjeta de cartón o un trozo de papel:

   a. escribe en ella una actividad que deseas desarrollar.

   b. en la otra cara coloca una cifra de dinero que quieras alcanzar mediante la puesta en marcha de esa actividad.

   c. establece un periodo de tiempo en el cual debes obtener ese monto de dinero a partir del desarrollo de esta actividad.

2. Redacta una oración que incluya toda la información que has expresado.

3. coloca una expresión de agradecimiento y guarda la tarjeta.

4. Esta tarjeta debes mirarla a diario, leer tu oración y dar las gracias. Así vas cambiando los paradigmas de tu mente y te enfocas hacia tus deseos.

MANEJO DE ENFOQUE Y CLARIDAD

Casi todas las personas son tan felices como deciden serlo.
~ABRAHAM LINCOLN.

Estos son los pasos de manejo de energía enfoque y claridad, mediante ellos podremos canalizar nuestra energía, enfocar nuestra atención y por consecuencia alcanzar la claridad a través del movimiento de nuestro cuerpo, nuestros pensamientos, la autosugestión, el estado espiritual, el estado de la fe, tomando acción, creyéndonos lo que nosotros somos, desde lo que pensamos siempre y desde la planeación organizada.

– Pasos para mantener el enfoque

Hemos hablado en un apartado anterior sobre el enfoque y la forma en que mantener nuestra atención en un objetivo definido nos puede ayudar, sin embargo, podría decirse que el enfoque tiene un nivel emocional y uno práctico. En el nivel emocional requerimos decidir lo que queremos hacer y aceptar en nuestro fuero interno que somos capaces de hacerlo, que tenemos el potencial necesario para alcanzarlo.

El nivel práctico está más orientado a cómo desarrollamos nuestras acciones en relación a ese objetivo que nos hemos fijado. Tiene que ver con la organización del trabajo.

Hallar la claridad y el enfoque te permitirá tener una ruta clara dentro de la cual estará establecido a qué debes prestarle atención, hacia dónde dirigir la mayor parte de tus energías y en qué te tienes que centrar.

Ser un emprendedor, sobre todo si se cuenta con poco capital económico implica la realización de un gran número de tareas que van desde lo administrativo hasta la realización del marketing; a las que debemos aunar todas aquellas tareas que no están vinculadas al negocio, pero sí con nuestra vida cotidiana como la atención a la familia, los vínculos espirituales y religiosos, entre otras. Todo esto ocupa mucho tiempo y puede llegar a mantenernos en un estado constante de incertidumbre o de confusión, frente a lo que deben ser nuestras prioridades. En este sentido la gestión eficiente del tiempo es primordial, de ello hablaremos más adelante, empero, es importante recalcar que llevar a cabo acciones que estén destinadas a únicamente a resolver las dificultades y circunstancias de urgencia que se presentan en el día a día, puede no conllevar a la obtención de resultados óptimos. Bien lo decía la viñeta del periodista argentino Quino, cuando su personaje Mafalda planteaba "Lo urgente no deja tiempo para lo importante".

Ciertamente actuar bajo el sistema de ir apagando fuegos puede mantener el negocio a flote, pero la intención de un emprendedor no puede ser estar sosteniendo el barco con un par de aros salvavidas, ha de ser tener un buque de guerra blindado y con capacidad de desarrollo óptima para recorrer los mares y océanos que se haya propuesto.

Actuar de manera improvisada, respondiendo únicamente a las vicisitudes, va dejando la sensación de que no terminas nunca de cerrar los ciclos, que te falta algo por hacer y como consecuencia vas a trabajar más de lo necesario, a abandonar algunas de las cosas que más te generan placer y por ende el éxito se va a alejar de ti, porque como bien sabemos el éxito está vinculado a la felicidad y cuando te sientes de esta manera eres irremediablemente infeliz.

Al colocar tus energías en las acciones correctas avanzarás de manera eficiente y tendrás mayor capacidad de resolución.

Para tener claro si tu objetivo es lo suficientemente poderoso como para moverte, pregúntate una y otra vez para qué quieres alcanzar la meta propuesta, la respuesta debe estar vinculada a ti, a tu crecimiento, a tu satisfacción; si en algún momento dudas de la capacidad de tu objetivo de aportarte estos elementos y te encuentras respondiendo que con ello vas a dar satisfacción a terceros o porque con ello vas a demostrar algo a otros, quizás sea mejor que desistas.

Conocer las razones por las deseas alcanzar un objetivo y recordarlo de manera consuetudinaria te ayudará a mantener la fuerza, centrar las ideas y a trabajar con empeño.

El enfocarte es actuar dando concreción a tus acciones, planificar y lograr pequeñas metas conducentes a un gran objetivo, es trabajar de manera organizada para un fin haciendo uso de la mayor cantidad de recursos que estén a tu disposición.

En conclusión, reaccionar constantemente a la cotidianidad del trabajo, dedicarnos a la prestación del servicio y ejecución de las tareas inherentes a la manufactura de nuestro producto debe ir de la mano con el pensamiento y la acción estratégicos, dirigidos a la consecución de nuestros objetivo y fines más elevados.

– ¿Cómo vas a lograr esto?

Prioriza

Determina cuáles son aquellas cosas que no puedes posponer, ciertamente hay muchas acciones importantes por emprender cuando se trata de llevar adelante un negocio, pero siempre habrá algunas que requieren realizarse primero; en principio porque sin ellas las otras podrían carecer de sentido he importancia, luego porque funcionan como la base de tu negocio. No dejes para mañana lo que puedes hacer hoy. Si la tarea a emprender amerita demasiado tiempo divídela en tareas más pequeñas, de ese modo alcanzarás pequeñas metas que se traducen en éxitos que te darán ánimos para seguir adelante.

Visualiza el aporte que hace cada tarea a tu objetivo final, mantén una visión específica y una panorámica. En el ámbito de lo específico céntrate en llevar a cabo la acción que corresponda según lo que has planificado y en el plano panorámico valora la contribución que el cumplimiento de esta meta realiza a tu proyecto. Antes de comenzar escribe todas las tareas pendientes y determina cuáles de ellas requieren atención inmediata para impulsar el desarrollo pleno de tu objetivo y cuáles se pueden posponer. Los objetivos se desglosan en varias tareas, céntrate en las tareas, los objetivos son a más largo plazo y está bien fijarse en ellos para tener claro hacia dónde vamos, pero hay que implementar las tareas que nos acercan.

Evita las interrupciones

Establece bloques de tiempo para mantener fija la atención en las actividades. Por ejemplo, si eres un fanático de las redes sociales o de revisar el móvil, establece un periodo de tiempo para dedicarle a la tarea que has planificado y durante este periodo no abras las redes, ni mires el móvil.

Establece una meta que puedas alcanzar, digamos unos treinta minutos, a medida que te vas a habituando a ello podrás ir aumentando. Colocar una cantidad de tiempo irreal sólo te hará sentir ansioso y muchas veces frustrado.

Delega

Quizás al principio puedas abordar todos los aspectos de tu emprendimiento, pero en la medida que este va avanzando, puede resultar abrumado. Si esto ocurre no lo pienses demasiado, delega funciones a otras personas. Quizás pienses que esto es muy costoso, pero hoy en día la red ofrece la posibilidad de contratar a alguien de manera remota (un asistente virtual) y también pudieras conseguir pasantes o aprendices, que haría el trabajo con el fin de aprender y mantendrían los costos bajos.

Aprende a decir no

Con todas las virtudes que posees, lo más probable es que tengas a un millón de personas esperando para recibir tu ayuda. También es probable que sucumbas ante una cantidad de pedidos que pueden ir desde favores personales, hasta la instalación de relaciones de negocios que no tienen vinculación ninguna con tu identidad empresarial. Sé que es duro, pero es necesario que comiences a decir que no a todo aquello que ocupe demasiado tiempo de tu vida y que no te conduzca a tu objetivo.

Celebra

Una vez que reconozcas que has obtenido un logro o has alcanzado una meta, celébralo. Tener un tiempo para ti en el que puedas felicitarte por tu pequeño logro te mantiene con buen ánimo para continuar.

ACTIVIDAD PRÁCTICA

Escribe una carta de despido a esa persona que te ha retenido hasta este momento, esa persona que tomó decisiones negativas que te detuvieron para que no corrieras tras tus sueños, tras tus metas. A esa persona incongruente, desorganizada, temerosa e insegura.

Lee la carta cuantas veces consideres necesario y agrega en ella todo aquello que sientas debe quedar atrás para poder avanzar. Este proceso puede ser muy emocional e implicar verte tentado a acusar a otros, a tu madre, a tu padre, a aquellos maestros de poca paciencia; sin embargo, debes recordar que no puedes influir sobre el pasado, no puedes cambiar lo que ellos hicieron, solo puedes reconocer que esa mala semilla ha crecido en ti y que el árbol que ha crecido de ella vive en tu ser restándole luz a tus sueños. Puedes intentar podarlo, pero es mejor arrancarlo de raíz.

Cuando estés listo toma la carta y quémala.

Cada vez que esa persona desee volver, recuérdale que la despediste, que ya no trabaja para ti.

DÓNDE ENCONTRAR LA ASESORÍA EMPRESARIAL ADECUADA

Para avanzar en el propósito de tener una identidad empresarial sólida es necesario obtener información adecuada, que se ajuste a nuestros requerimientos en un nivel profesional.

Muchas veces se comete el error de confiar en las personas que amamos y cuya opinión consideramos valiosa, sin embargo, en estos casos no es un consejo de vida lo que requerimos; lo que necesitamos y debemos obtener, es información concreta vinculada a lo que nosotros deseamos hacer. Es posible que en nuestro círculo de amigos y familiares haya personas expertas en planificación, gerencia de negocios u otro tipo de profesionales cuyos conocimientos pudieran sernos útiles, en este caso no debemos dudar en pedir asesoría. Este sería nuestro primer paso, concretamente detectar si nuestro entorno más cercano hay personas cuya experiencia pudiera ser de utilidad a nuestros fines.

El siguiente paso es acudir a mentores, círculos de comercio, personas que tienen influencia en empresas pueden ser buenos guías, aportándote información adecuada. Si es necesario paga por sus servicios de asesoría, esto se traduce en invertir en tu negocio, en tu empresa.

Movidos por la soberbia, algunos pensarán que esto no es necesario porque su negocio no se parece a ningún otro que haya existido en la tierra, es innovador y totalmente original. Empero los principios que rigen la economía, la administración, la contabilidad, la planificación, el marketing, entre otras importantes ramas de conocimiento que están relacionadas de manera directa con todo negocio que se emprende, no tienen nada que ver con la originalidad de tu idea.

Es fácil caer en la trampa del temor a ser plagiado, del temor a dar información a quien podría ser tu principal competidor; también es común sentir que con lo que conoces es suficiente, no obstante, debemos tomar en cuenta que todo lo que somos es el resultado de la experiencia que otros han dejado para nuestras vidas, desde la invención de la rueda hasta la bomba atómica. Aún las ideas más innovadoras han requerido del concurso agentes externos al equipo que lleva a cabo el proceso.

Las personas que tienen una pantalla de seguridad falsa, consideran que pedir consejo a una persona que tiene mayor cantidad de experiencia es debilidad. También es posible hallar quienes cometen el error de suponer que pedir un consejo e incluso tener un modelo a seguir, es carente de personalidad, una total falta de originalidad. No obstante, por qué tomar un camino largo si podemos avanzar de manera más expedita mediante el conocimiento ya sistematizado de quienes exploraron, investigaron y recorrieron ese espinoso camino de ser pioneros. Es como querer tejer un suéter y en vez de ir a la mercería por la lana, pretender irse al prado a esquilar una oveja para luego llevar a cabo todo el proceso hasta hilar el cordel con el que vamos a tejer. Quizás es un proceso que quieres vivir, pero aún para esquilar la oveja, es mucho más fácil si cuentas con la ayuda de alguien que ya lo haya hecho antes.

Nada de esto significa imitar al otro, no se espera que utilices el mismo vestuario, ni tampoco el peinado; no se trata de eso, se trata de obtener las claves necesarias para avanzar velozmente hacia tus propios objetivos.

MAESTRÍA DEL TIEMPO

Un día tiene veinticuatro horas, una semana tiene siete días, un mes tiene entre veintiocho y treinta y un días, un año doce meses que además constituyen trescientos sesenta y cinco días, cincuenta y dos semanas, un total de ocho mil setecientas sesenta horas. Para todos es igual.

Algunas personas toman todo un día para hacer unas pocas cosas, mientras que otras hacen mucho en poco tiempo. Quizás ambas son personas con muchas capacidades, sin embargo, sólo una de ellas utiliza el tiempo de forma efectiva, por lo tanto propende a tener más éxito.

La administración del tiempo depende de la percepción que tenemos de nosotros mismos, el valor que nos estamos dando, es nuestro código de conducta. Si no tenemos una visión clara, una visión motivante para mantenernos enfocados en ciertas actividades vamos a rellenar nuestra vida, ocupamos el tiempo, ocupamos el espacio pero en la vida no tenemos nada porque vamos pensando en cosas que no tienen nada que ver con lo que queremos, pero si no sabemos lo que queremos cómo vamos a manejar el tiempo.

En el proceso de consolidar tu identidad empresarial, debes hacer un uso efectivo del tiempo, para ello debes:

Paso # 1: Tener una visión de vida definida de lo que quieres ser.

Paso # 2: Tener claro cuál es tu propósito de vida, ¿Cuál es tu propósito?

Paso # 3: Tener una idea clara de quién eres y qué crees, porque cuando no sabes quién eres todo el mundo tiene opiniones para lo que deberías hacer. ¿En qué crees? A veces no sabemos si creemos en algo o no por convicción nuestra si no porque alguien nos dijo, y allí es donde entra la culpa, decimos que sí a actividades porque no sabemos quiénes somos, ni qué queremos, si uno no sabe quién es, no sabe a dónde va.

Paso # 4: Tener un código de conducta claro. Eso significa que eres la misma persona, manejas los mismos valores y el mismo principio ético en todos los ámbitos de nuestras vidas

Paso # 5: Tener una lista de tus valores y principios de vida. Al principio de cada año escribe en tu agenda tus valores y principios, si no usas agenda, colócalo en tu calendario u organizador. Es posible que pienses que ninguna de estas herramientas es necesaria, sin embargo, utilizar tu mente como medio para organizar el tiempo es un error que debes evitar. Es poco eficiente y te impide tener una vista panorámica de tus actividades de camino al alcance de una meta.

Paso # 6: Hacer un plan a corto plazo (meses), a largo plazo (años). Los planes a corto plazo nos motivan a continuar con los pasos siguientes. Una vez que hemos logrado un objetivo, sentimos que somos capaces de ir por más.

Paso # 7: Utilizar un calendario para programar todos los compromisos, un calendario ya sea el de tu teléfono o el de tu correo electrónico.

Paso # 8: Mantener una libreta en tu bolsillo y sobre tu escritorio para que anotes compromisos que vas adquiriendo y luego lo transcribes en tu calendario. De esta manera respetas tu tiempo y haces que los demás lo respeten.

Paso # 9: Proceso de agenda de las actividades diarias:
- fecha: las tres actividades más importantes;
- listas del resto de las actividades;
- identificar las actividades que se pueden delegar y a quién.

Considera:
- Elementos que requieres para mantener el enfoque
- Desencadenantes del caos (elementos distractores)
- Consecuencias de no llevar a cabo las tareas más importantes
- Recompensas que te otorgarás al llevar a cabo las actividades más relevantes.

Resumen

1. tener una visión de vida definida en lo que me convertirte,
2. tener claro cuál es mi propósito de vida,
3. tener una identidad clara ,quien soy y en que creo,
4. tener un código de conducta,
5. tener una lista de mis valores y principios de vida,
6. hacer un plan corto plazo(meses) y a largo plazo(años),
7. utilizar un calendario para programar todos los compromisos,
8. revisar la agenda todas las noches antes de ir a dormir,
9. proceso de agenda de las actividades diarias,
10. tomar tiempo para celebrar tus victorias diarias.

Capítulo

IDENTIDAD ÚNICA, NEGOCIO ÚNICO

El riesgo más grande es no tomar ninguno. En un mundo que está cambiando tan rápido, la única estrategia que está garantizada a fracasar es no tomar riesgos.

MARK ZUCKERBERG

Una vez que descubrí mi identidad empresarial, me dispuse a iniciar un negocio en el cual pudiera desarrollarla, esto también significó un camino.

Cada persona posee una combinación única de cualidades, defectos, virtudes, habilidades y aptitudes. Es por ello que a pesar de lo mucho que tengas en común con otra persona, lo que se ajusta a ella no tiene por qué ser bueno para ti.

Teniendo en consideración tus dones es necesario que decidas, si el negocio que quieres será algo para obtener un dinero adicional mientras continúas en tu trabajo diario, o si es un proyecto de tiempo completo y dentro de estas opciones, también debes valorar si quieres conducirlo desde tu casa o si esperas instalar una empresa millonaria con muchas oficinas y miles de empleados. En este punto es posible que mires tu estado de cuenta en la pantalla de tu computador y de inmediato asumas que la decisión no depende de ti sino del número que estás viendo; empero, la capacidad de crecimiento de tu negocio va a depender de ti y de la manera en que direcciones tus esfuerzos. Hay pequeños negocios que comenzaron con poco más de un dólar y hoy son marcas globales multimillonarias como Microsoft, así como pequeños negocios locales que ofrecen al público una relación directa con sus propietarios. De la misma manera que algunos emprendedores sueñan con tener una gran empresa de alcance multinacional, hay quienes prefieren una estación de trabajo en casa con un asistente virtual y tiempo suficiente para atender a sus familias y aficiones.

Como he dicho previamente hay negocios que surgen de una necesidad no satisfecha por la oferta del mercado y otros que se construyen a partir de la optimización o diversificación de un producto existente, pero debemos agregar un tercer tipo y es aquellos negocios que tienen su origen en una experiencia personal. Este último tipo de negocio nace cuando una persona ha llegado a un punto de inflexión, que ha dado un giro a alguna circunstancia específica de su vida que les ha obligado a idear respuestas que quieren compartir con otros para hacer del mundo un lugar mejor.

En resumen, ya decidido a embarcarte en la aventura de un emprendimiento de negocios debes considerar un par de cosas, la vocación y el tamaño.

En cuanto al tamaño debes valorar si deseas:

- Una microempresa: Es un negocio pequeño que puede ser de carácter individual como el trabajo freelance o algo entre un par de personas con asistencia eventual. Una microempresa puede ser un camión de venta de comida, un estudio de artes gráficas para publicaciones o cualquier otro con menos de cinco personas.

- Un negocio pequeño: Es ese tipo de emprendimiento que requiere una logística más amplia, un pequeño local y unos diez empleados. Puede ser una empresa de producción artesanal, un restaurante o una imprenta.

- Una empresa poderosa: No hay nada que decir, una cadena de alimentos, una editorial o cualquier otro que tenga por encima de cien personas a su servicio.

Como puedes observar cierto tipo de negocio puede hacerse a diferentes escalas. Así que no debes sentir que tomar esta decisión te encadena por siempre, todo puede cambiar, al igual que tus circunstancias. Si tienes hijos pequeños y quieres un negocio que te permita acompañarlos en su crecimiento puedes iniciar ofreciendo tus servicios individuales (freelance) y cuando ya vayan a la escuela crecer a un pequeño negocio y al graduarse puedes elevar la apuesta e impulsarlo hacia las estrellas.

¿CÓMO PODRÉ GANAR DINERO?

Una vez que ya has decidido el tipo de negocio que quieres y su tamaño, es el momento de pensar cómo hará dinero ese negocio. El modelo de negocio va a determinar los medios a través de los cuales te vas a introducir en el mercado y la forma en que vas a recibir dinero.

Existen tres tipos de modelo de negocio:

- Venta de productos
- Prestación de servicios,
- Mixto

Todo negocio se encarga de vender algo, incluso si tu negocio se trata de dar consejos de amor, esos consejos están a la venta si para recibirlos las personas tienen que pagar. Entonces si te dedicas a la peluquería, a la cocina o a la limpieza de casas, lo que vendes son servicios y ese es tu modelo de negocios; mientras que si elaboras jabones artesanales, ofreces cremas para el dolor o de belleza, lo que vendes son productos. Ahora bien, hay negocios que funcionan de a partir de la interdependencia entre un producto y un servicio. Un buen ejemplo son esos salones de belleza que lanzan al mercado líneas de productos para el cuidado del cabello. También hay entrenadores (coaches) que venden libros, videos, agendas y otra gran cantidad de mercancías; todo esto como resultado de erigirse como una marca en sí mismos.

CONÓCETE, CONOCE A TU CLIENTE

Para alcanzar una interrelación integral con nuestro potencial mercado es necesario conocer nuestro producto o servicio, con ello podemos mejorar nuestros procesos y además de ello elevar sus fortalezas a fin de persuadir a nuestros clientes. Sin embargo, tener un negocio es tratar de manera inexorable con otras personas, cada una con una personalidad diferente y maneras de comunicarse distintas.

Cada persona tiene una personalidad definida por ciertas características, algunos de los rasgos más resaltantes de la personalidad de una persona pueden permitirnos conocer de manera pronta su forma de ser y esto nos puede servir como estrategia para empatizar con ellas. Si además de ello conoces los rasgos que definen tu personalidad, podrás hacer uso de tus mejores cualidades a la hora de hacer negocios.

¿QUÉ ES LA EMPATÍA?

La sabiduría popular pocas veces se equivoca y versa que la mejor manera de comprender a una persona es ponerse en sus zapatos. Esto significa intentar comprender de manera afectiva y emocional cuáles son las motivaciones que lo impulsan a actuar de determinada manera, esto se conoce como empatía y puede ayudarnos a establecer una conexión eficiente con nuestros clientes de manera que estos sientan la confianza necesaria para invertir su dinero en nuestros productos y servicios.

Existen diversos tipos de personalidad y hay algunas teorías acerca del modo de clasificarlas. Una que se adapta muy bien al mundo empresarial es la metodología DISC, que no sólo establece una taxonomía, sino que también ofrece un sistema de test que permite evaluar a cada individuo para colocarlo dentro de ella.

DISC son las siglas para:

- *Dominance* (dominancia)

- *Influence* (influencia e inspiración)

- *Steadiness* (estabilidad, perseverancia y cooperación)

- *Compliance* (estructura, obediencia y precisión)

Todas las personas tienen un poco de cada factor en una suerte de receta cuyo resultado es la personalidad que podemos observar. Conocer cada uno de los elementos que componen la personalidad nos permite entender mejor a otras personas.

Un perfil DISC puede ayudarte a:

- Aumentar tu auto-conocimiento: cómo respondes al conflicto, qué te motiva, qué te causa estrés y cómo resuelves los problemas

- Mejorar las relaciones de trabajo reconociendo las necesidades de comunicación de los miembros del equipo

- Facilitar el trabajo en equipo

- Desarrollar habilidades de ventas más fuertes identificando y respondiendo a los estilos del cliente

- Gerenciar más eficazmente mediante la comprensión de las disposiciones y prioridades de los empleados y los miembros del equipo

- Convertirte en un líder más eficiente, con autoconocimiento y control de ti mismo

¿CÓMO SE USA EL MÉTODO DISC?

El método DISC se fundamenta en dos premisas del comportamiento humano:

- Algunas personas son de carácter EXTROVERTIDO y otras son INTROVERTIDAS. Este rasgo puede definirse como el "motor interno" o "ritmo" de cada persona. Algunas personas siempre parecen estar listas para "actuar" rápidamente. Activan su motor de manera más rápida, otros son más cautelosos.

- Algunas personas están más orientadas a la TAREA, mientras que otras están más orientadas a las PERSONAS. Puedes pensar en esto como el "enfoque externo" o "prioridad" que guía a cada persona. Algunas personas se centran en hacer las cosas (tareas); otros están más sintonizados con las personas que los rodean y con sus sentimientos.

Entonces la personalidad de las personas se define en cualidades que se definen por oposición como lo muestran los siguientes diagramas:

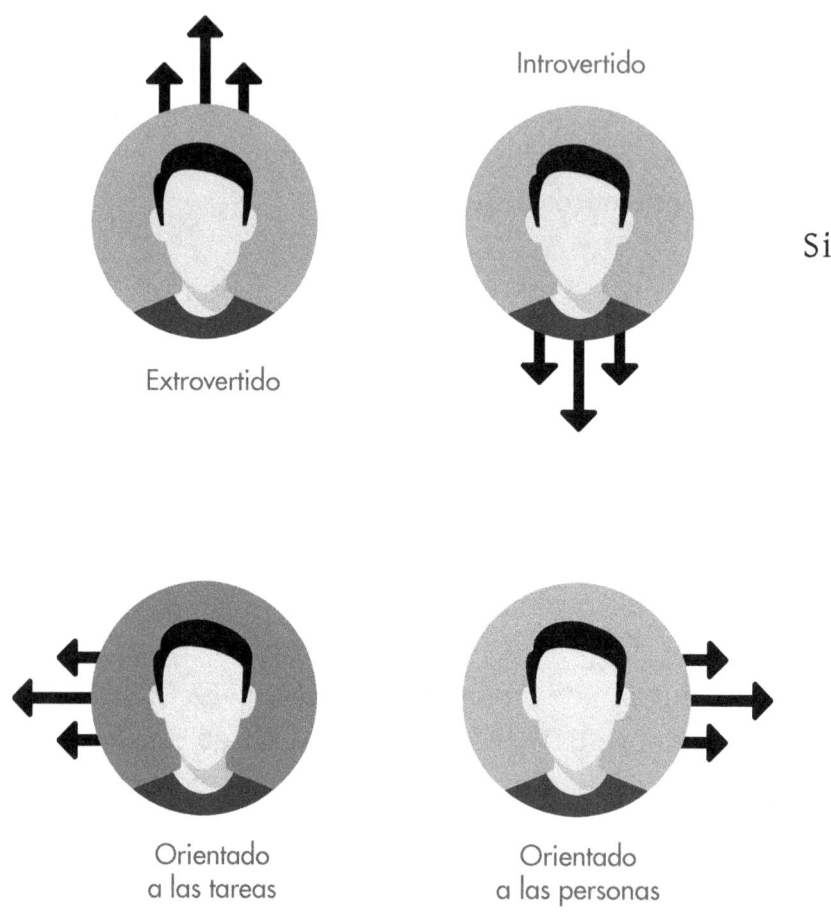

superponemos un diagrama sobre el otro obtenemos un sistema que permite observar cómo los diversos aspectos de la personalidad pueden conjugarse, de manera que podemos obtener cuatro perfiles estándar.

Ahora podemos describir mejor cada uno de los cuatro estilos de personalidad principales:

– El tipo Dominante "D":

Un individuo extrovertido, orientado a tareas se centrará en hacer las cosas, realizar tareas, llegar a la línea de fondo lo más rápido posible y ¡HACER QUE SUCEDA! (La clave para desarrollar una relación con este tipo de persona es RESPETO y RESULTADOS).

Las personas con personalidad D suelen preferir estar en posiciones de autoridad o en aquellas en las que pueden ejercer sus tareas según sus propios términos. Son personas dispuestas a tomar riesgos, son emprendedoras y tienen iniciativa propia. Orientan sus esfuerzos hacia objetivos determinados y son altamente competitivos. Suelen ser muy buenos a la hora de proponer y llevar a cabo soluciones, usualmente tienen una visión panorámica del mundo y de las situaciones particulares.

Una personalidad D es siempre ajustada a la lógica y la razón, no propende a la emocionalidad. Posee mucha fortaleza y seguridad, también un ego poderoso que puede ser tomado como prepotencia u orgullo.

Fortalezas

El individuo bajo la personalidad D:
- Tomará decisiones de manera muy veloz y se mantendrá confiado en la posición asumida. Es un líder natural dispuesto a expresarse.
- Organiza y delega el trabajo, es un organizador eficiente
- Es optimista y suele desafiar el estatus quo; es innovador y no tiene temor de probar cosas nuevas.
- Puede asumir varias tareas de manera simultánea.

Debilidades
- Suele tomar decisiones basadas en el instinto sin tomarse el tiempo de reunir toda la información necesaria.
- Se precipitarse en la toma de decisiones y mantener su posición de manera obstinada
- Son directivos y les cuesta ejecutar las tareas, por ello dependen de otros para llevar a cabo grandes cantidades de trabajo.
- Se involucran en demasiados proyectos a la vez, tienen dificultades para proyectar y organizar el tiempo.

- Tienden a ignorar las opiniones de las otras personas.
- No son portadores de la paciencia.
- No les gusta la rutina por lo tanto pueden llegar a ser inconstantes o poco disciplinados.

Motivaciones
- Nuevos retos
- Alcanzar metas
- Asumir la autoridad
- Competencia
- Reconocimiento y agradecimiento de los otros

Entorno ideal
- Espacios y estructuras no rutinarias
- Situaciones en las que se enfrente a nuevos retos constantemente, pueda realizar nuevas tareas y actividades consuetudinariamente, así como aportar sus ideas propias y llevarlas a cabo con libertad.
- Ambientes en los que el trabajo sea llevado a cabo mediante el alcance de objetivos, no enfocados a la evaluación de los procesos y en los que pueden avanzar, ascender o alcanzar prestigio.
- Privilegian los proyectos en los que se pueden tangibilizar los resultados.
- Comunicación horizontal.
- Horarios flexibles y libertad para el desarrollo de acciones.

La comunicación con D

Sí	No
Sé breve, ve directo al grano	Hagas largos discursos con pequeños detalles
Orienta el discurso hacia las acciones y no hacia los procesos (pregunta qué, no cómo)	Dudes o repitas las mismas ideas
Sugiere medios y alternativas para alcanzar resultados	Recurras a la emocionalidad o intentes intimar
Resalta los beneficios de manera lógica y los diversos enfoques	Generalices o especules
Propón soluciones	Elabores discursos de diagnóstico, descriptivos u orientados únicamente a la exposición de problemas

Factores de crecimiento para el sujeto con personalidad D:

- Sé un oyente activo
- Considera las ideas de los otros, trata de mantener el consenso dentro de los equipos
- Evita ser controlador cuando debas trabajar con otros
- Aprecia las opiniones y deseos de los demás
- Cuida las relaciones personales, apoya a los miembros de tu equipo
- Toma el tiempo necesario para justificar tus acciones, declaraciones y propuestas
- Intenta ser cordial, amable y accesible
- Presta atención a tu lenguaje corporal, el tono y flexión de tu voz
- Sé paciente.

– El tipo "I" inspirador:

Un individuo extrovertido y orientado a las personas adora interactuar, socializar y divertirse. Esta persona se centra en lo que otros puedan pensar de él o ella. (La clave para desarrollar una relación con este tipo de persona es ADMIRACIÓN y RECONOCIMIENTO).

Las personas que se clasifican dentro del cuadrante I son grandes conversadoras, optimistas y entusiastas. Crecen dentro de las situaciones y experiencias lúdicas, el entretenimiento y la diversión. Se encuentran como pez en el agua mientras están rodeados de personas, por ende no sienten ningún tipo de prurito al relacionarse con personas desconocidas y no tienen temor a ser el centro de atención.

Cultivan la autoconfianza, el optimismo y la fe en los otros. Poseen la habilidad de hacer que las personas estén de su lado. Se les considera personas persuasivas y con gran influencia en los otros. Son emocionales, espontáneos y un tanto impulsivos.

Fortalezas
- Son creativos, tienen una mente muy activa, por lo que pasan gran parte de su tiempo pensando y expresando sus pensamientos.
- Las personas cuya personalidad es preponderantemente I, hablan sin parar y demuestran un nivel lógico en sus declaraciones e ideas, son teorizadores pero a la vez están siempre listos para proponer soluciones.

- Pueden ser de gran ayuda en las lluvias de ideas en las que serán protagonistas
- Son motivadores natos
- Suelen ser buenos gerentes debido a su cualidad persuasiva e influyente.
- Tienen buen sentido del humor, son positivos y mantienen la buena actitud.
- Es un gran negociador por lo tanto de gran ayuda en los conflictos
- es espontáneo y agradable.

Debilidades
- Es poco detallistas
- No es bueno organizando el tiempo, ni tampoco estableciendo estrategias.
- Es un escucha selectivo tendiente a prestar atención sólo cuando le resulta conveniente
- Se encuentra siempre a la espera de su turno para hablar
- Suele gesticular en demasía
- Tiene la tendencia a prometer más de lo que está en condiciones de cumplir.

Motivaciones
- Se siente impulsado por la adulación y los elogios
- Propende a la búsqueda de la popularidad y la aceptación

Entorno ideal
- Se desarrolla con facilidad en estructuras y espacios en los que hay libertad para las relaciones sociales y la diversión.

- Prefiere los procedimientos prácticos, pero no las tareas repetitivas o de orden superficial.
- Ambientes libres de conflicto y discusiones.
- Estructuras en las que tenga la libertad de expresar sus ideas.
- Privilegia la libertad de horario, con pocos controles y detalles.
- Acciona positivamente en los espacios en los que puede influir.
- Requiere estrategias claras para la organización.
- Necesita variedad de actividades en las que pueda poner en marcha toda su creatividad.

Comunicación con I

Sí	No
Sé amigable y propicia un ambiente favorable	seas demasiado frío o reservado
Tómate el tiempo para promover la estimulación, las actividades sociales	suprimas la interacción social
Escúchalo, permite que exprese sus ideas	interrumpas o subestimes sus ideas
Comparte testimonios y opiniones sobre las ideas propuestas	presentes tu propuesta basado sólo en las consideraciones científicas o lógicas, aporta siempre el valor humano
Muestra entusiasmo	te muestres decaído, triste o carente de afinidad por lo que propones
Ayúdalo a sistematizar sus ideas de modo que pueda convertir sus pensamientos en acciones	dejes la organización en sus manos
Incentiva su ánimo para llevar a cabo el seguimiento de las acciones	monopolices el tiempo para el habla
Mantén un lenguaje y tono apacibles	ataques, grites o te exaltes
Guía sus acciones	

Factores de crecimiento para el sujeto con personalidad D

- Toma en consideración los elementos positivos y negativos de un proyecto antes de tomar una decisión
- No te excedas en cuanto a espontaneidad se refiere, evita la impulsividad

- Coloca parte de tu atención en los resultados utilizando tu creatividad y talento como potenciadores del alcance de los objetivos
- Ejerce control sobre tus palabras
- Busca estrategias que te permitan gestionar la organización y el tiempo
- No prometas aquello que no estás plenamente seguro de poder cumplir
- Escucha más

– El tipo "S" (supportive) apoyo:

Un individuo reservado y orientado a las personas disfrutará de las relaciones, ayudará o apoyará a otras personas y trabajará en equipo. (La idea clave para desarrollar una relación con esta persona es la AMISTAD y la APRECIACIÓN SINCERA).

Las personas con mayor influencia de los factores de personalidad S son tranquilos y estables, tienen predilección por el estilo de vida rutinario, previsible que les proveen la sensación de estabilidad y seguridad.

Son personas que luchan por mantener relaciones personales cercanas, en ambientes positivos y sin conflictos. Saben escuchar, son pacíficos y buenos amigos. Tienen como premisa cultivar la lealtad, son amables, pacientes y positivos; sin embargo pueden ser muy posesivos con las personas a las que aman y tienden a la pasivo agresión en la búsqueda de evadir el conflicto.

Fortalezas
- Fiabilidad y confiabilidad
- Son miembros de equipo solidarios y sinceros
- Son buenos para seguir instrucciones, son pacientes y evita emitir opiniones a menos que observen que algo no va bien
- Se les reconoce por sus habilidades conciliadoras, es ecuánime y evita los conflictos a toda costa
- Su sentido común les permite ser buenos ejecutando acciones y lo hacen de formas muy sencillas, libres de complicaciones.

Debilidades
- Se resisten a los cambios de manera incisiva
- Tienen dificultad para adaptarse a los entornos nuevos
- Suelen ralentizar los procesos
- Es desconfiado, internaliza las preocupaciones y por lo tanto obstaculiza el flujo de información
- Se orienta a las necesidades de los otros dejando de lado las propias
- Son rencorosos
- Se caracterizan por ser pasivo agresivos

Motivaciones
- Ser reconocidos por su fiabilidad y lealtad
- Alcanzar la seguridad
- Estabilidad
- Culminar todo aquello que comienzan
- Relaciones personales de calidad y cargadas de positividad
- El agradecimiento sincero

Entorno ideal
- Procedimientos y sistemas prácticos
- Rutinas y patrones de trabajo repetitivos
- Instrucciones, metas, objetivos y expectativas claras
- Estabilidad, seguridad, previsibilidad
- Ambientes y espacios libres de conflicto
- Estructuras de trabajo planificadas, libres de cambios bruscos y con proyección para estos que le permitan un periodo de ajuste
- Poca presión

La comunicación con S

Sí	No
crea un entorno favorable, personal y agradable	impongas presión
conserva la paciencia	confrontes sus puntos de vista o sus acciones, dirige tus palabras de manera que se sienta motivado
sé paciente	hagas discursos largos, permítele participar
propón los cambios de forma no amenazante con tiempo suficiente para que pueda adaptarse	seas impaciente ante sus preguntas
relaciónate de manera personal haciendo que se sienta vinculado de manera emocionala	seas frío frente a sus necesidades personales
orienta tu discurso hacia el cómo	hagas exposiciones vagas dirigidas a lo que deseas lograr y no a la forma en que esperas lograrlos
Define los procedimientos, objetivos y expectativas de manera precisa	Soslayes su valor dentro de la estructura

Factores de crecimiento para el sujeto con personalidad S
- Intenta abrirte al cambio
- Desarrolla tu espontaneidad
- Expresa tus ideas, no te reprimas
- Otórgale dimensión panorámica al trabajo evitando enfocarte en detalles innecesarios
- Acepta la confrontación constructiva, despersonaliza la crítica
- Muestra mayor iniciativa.

– El tipo "C" cauteloso:

Un individuo reservado y orientado a tareas buscará información de valor, coherencia y calidad. Esta persona se enfoca en ser correcto y preciso. (La clave para desarrollar una relación con este individuo es CONFIANZA e INTEGRIDAD).

Quienes poseen mayor cantidad de características del cuadrante C son en extremo perfeccionistas, son precisos, correctos y llegan al final de todo aquello que comienzan.

Son personas de pensamiento lógico, analítico y sistemático con capacidades extraordinarias en cuanto a resolución de problemas y pensamiento creativo se refiere. Sus estándares son muy altos, tanto para sí mismos como para los otros, por ende suelen ser un poco críticos, realistas y muy cuidadosos. Se caracterizan por ser muy tranquilos y a veces solitarios.

Fortalezas
- Su perspectiva es realista, incluso cuando su pensamiento creativo entra en funcionamiento pueden evaluar todas las alternativas, comprender con anticipación los riesgos y beneficios y entender las posibles soluciones a los problemas.
- Tienen la virtud de la coherencia y ecuanimidad
- Son precisos
- Requieren de límites claros para el establecimiento de las relaciones
- Propenden a mantener el flujo de información activo, reuniendo todos los datos de interés y siendo oportunos a la hora de dar reportes y compartir informaciones
- Su premisa primordial es "hazlo tú mismo". Tienen iniciativa propia y capacidad para echar adelante los proyectos que se proponen.

Debilidades
- Es hipercrítico, por lo tanto puede ser percibido como negativo
- Suele detenerse en los detalles con demasía
- Puede perder el horizonte ya que para él es más importante el proceso que el objetivo.
- Son poco dados al trabajo en equipo

Motivaciones
- Altos estándares de calidad
- Tiempo suficiente para llevar a cabo los proyectos y emprender acciones
- Reconocimiento por el trabajo bien hecho
- El trabajo individual o con poca interacción social.
- Tareas e instrucciones detalladas, con parámetros y

expectativas establecidas con claridad.
- Entornos pacíficos

Entorno ideal
- Espacios ordenados, estructuras organizadas
- Relaciones basadas en la independencia y la autonomía
- Proyectos y tareas en los que se puede alcanzar una meta
- Estructuras con procedimientos claros, prácticos, sistemáticos y rutinarios.
- Ambientes libres de conflicto

Comunicación con C

Sí	No
Estructura el discurso de manera que puedas presentar los pros y los contras de cada una de tus propuestas.	Te niegues a dar detalles
Mantén la paciencia, sé sistemático, persistente a la hora de dar las explicaciones	Eleves el tono o gesticules demasiado
Al mostrar desacuerdo asegúrate de que lo orientas hacia los hecho y no hacia la persona	Lo hagas sentir atacado
Escuche con atención los detalles que le proveerá	Te muestres impaciente o le hagas sentir que no tienes tiempo para ellos

Factores de crecimiento para el sujeto con personalidad C
- Disminuye el nivel de auto exigencia
- Intenta ser menos crítico contigo y con los otros
- Promueve la vinculación con el resto del equipo, las relaciones personales son parte del trabajo.

Cada persona se ubica de forma preponderante en uno de estos modelos de personalidad, sin embargo, cuando has tomado conciencia de cuál es el tuyo, puedes trabajar para dominar el resto y establecer formas de comunicación más efectiva con cada uno de tus clientes.

En un equipo de trabajo es necesario tener personas que tengan características de cada una de las personalidades del modelo DISC.

ELEGIR UN NEGOCIO RENTABLE Y ADECUADO PARA TI: LOS FACTORES CLAVE

La voluntad obstinada de perseguir una ambición propia es verdaderamente una fuerza que puede hacer superar obstáculos

ENZO FERRARI

Habiendo descubierto mi identidad empresarial me embarqué en la tarea de iniciar mi negocio, a continuación te muestro cómo lo logré.

El emprendimiento de un negocio implica enfocar nuestros esfuerzos y energía hacia algunos factores que juegan un papel primordial en el desarrollo de la actividad que escojamos, pero como hemos visto anteriormente un elemento álgido es escoger el negocio que se adapte a ti y desarrollarlo hasta que obtenga suficiente rentabilidad.

Resumiendo lo que hemos dicho previamente, un negocio debe responder a las necesidades de otras personas, su naturaleza es la de resolver problemas, ayudarlos a alcanzar sus objetivos de manera más expedita, en conclusión, facilitar la vida de las personas a cambio de un valor justo. Si tenemos esto claro podemos alcanzar el éxito a partir de dos factores primordiales:

- El desarrollo de las habilidades básicas que debe tener un emprendedor, tales como: proactividad, organización, comunicación asertiva, sistematización, etc.

- La efectividad y eficiencia en el desarrollo de la actividad central o manufactura del producto sobre el cual está basado nuestro negocio. Esto se traduce en la cantidad de tiempo que nos toma responder a la necesidad que deseamos satisfacer en el mercado. Este factor es determinante a la hora de alcanzar la rentabilidad y es codependiente de la elección adecuada del negocio que se adecúa mejor a nosotros. Algunos elementos influyen en esto:

    a. Activar, capitalizar y poner en funcionamiento las habilidades y fortalezas que ya posees.

    b. Conectar tus ideas a los objetivos personales que tienes a largo plazo

Para comprender mejor lo que significa capitalizar las habilidades y fortalezas veamos la experiencia de una de mis clientes.

Ana llegó a mi encuentro muy animada, pero a la vez muy atribulada, esto parecía ser contradictorio en una persona que tenía tantas potencialidades. Era profesional del derecho en ejercicio, había desarrollado habilidades para la formulación de proyectos de carácter social y tenía un trabajo a tiempo parcial como docente, pero además de ello su hoja curricular daba cuenta de hablar tres lenguas de manera fluida, haber tomado formación como asesor legal y financiero, haber hecho trabajo voluntario, y además de ello tener habilidades deportivas. Esto último me impresionó mucho, ella es una campeona local de tenis con lo cual también ha tenido trabajos como árbitro de esta disciplina.

Era una mujer muy conversadora y me llamaba la atención que no hacía alarde de ninguna de sus potencialidades, por el contrario, se mantenía dentro de lo esencial a la hora de expresarse a ese respecto. Luego supe que las personas no la tomaban en serio cuando se manifestaba con tantas habilidades. Ella quería iniciar un nuevo negocio pero, a pesar de tener esta gran gama de opciones de habilidades adquiridas, desarrolladas y ámbitos de acción y trabajo en los que ya tenía experiencia ella se estaba planteando cuatro opciones de negocios:

- Una venta de tacos.
- Una tienda de artículos deportivos en línea
- Un blog sobre ayuda legal para inmigrantes y personas legalmente vulneradas
- Invertir en la bolsa

Ella había estudiado muy bien el mercado y sabía que poner un camión de tacos era un negocio que podía generar alta rentabilidad, sin embargo, Ana no es mexicana, tampoco ha estudiado gastronomía, ni tiene idea de cómo se gerencia un establecimiento de comida, lo único a su favor en este caso es que su ejercicio jurídico le permitía gestionar efectivamente los permisos necesarios. Tendría que aprender no sólo de cocina, sino también de maquinaria y equipos para ello. Lo mismo ocurría con la bolsa, tenía un capital para comenzar, pero seguramente perdería gran parte de este mientras lograba comprender el funcionamiento de los mercados de valores y de las casas de bolsa.

Estas dos ideas quedaron descartadas.

La tienda en línea parecía ser un negocio ideal, ella es deportista y conoce bien los equipos, la calidad de las prendas y todo lo vinculado a este deporte, sin embargo, esto requería invertir mucho dinero en mercancía, espacio para almacenamiento, y debía incorporar algún personal. Aunado a ello requería tener conocimientos en ventas, marketing y administración; esto iba a requerir además trámites engorrosos. La selección de los artículos, los acuerdos con productores y distribuidores, era un proceso que podía tomar más de un año.

Por su parte, el blog era algo que podía iniciar desde casa, aprovechando sus conocimientos, no tenía que tomar ninguna formación porque su profesión y su experiencia eran más que suficientes, no tenía que aprender sobre los medios para prestar ayuda porque era algo a lo que se dedicaba permanentemente.

Su blog evolucionó rápidamente, dio paso a la conformación de una comunidad en línea y la posterior instalación un centro de atención y apoyo que ha ayudado a cambiar la vida de casi tres mil personas.

Este negocio obtuvo buenos resultados porque daba respuesta a una pregunta fundamental que constituye la columna vertebral de un emprendimiento:

¿qué habilidades o conocimientos poseo actualmente, y puedo aprovechar?

Ahora bien, todo proyecto que inicies debe estar en sintonía con tu proyecto de vida. Es muy probable que, si no tienes claros tus objetivos, pierdas una gran cantidad de tiempo dando vueltas en un círculo vicioso que terminará por dejarte descubrir que nada de lo que haces tiene importancia para ti y que la distancia entre lo que estás haciendo y lo que deseas hacer es bastante amplia.

Esto es aplicable a cualquier persona, es una realidad universal. En esta situación encontrarás a la mayoría de las personas quienes pasan la vida en empleos que sólo les proveen el pan, pero ninguna satisfacción; puestos de trabajo por los que dejan de lado sus sueños, sus pasiones e incluso a sus familiares y amigos.

Es también el caso de las personas que quedan atrapadas en negocios que no disfrutan, o que en última instancia no están conectados con lo que querían lograr en sus vidas.

En incisos anteriores hemos visto que no todas las pasiones pueden ser convertidas en negocios, sin embargo, el negocio que elijas debe estar en armonía con ellas. El logro de este cometido te permitirá recorrer dos rutas, la de tu éxito económico y la de hacer realidad la vida de tus sueños.

Pasos para elegir tu idea de negocios

IDENTIFICA TU NICHO

Cuando decides iniciar tu emprendimiento el primer paso es delimitar el área en la que se enmarca tu negocio, la industria dentro de la cual deseas desarrollarte; más específicamente cuál es el rubro y cómo planeas diferenciarte dentro de él. Identificar el nicho al que pertenece tu negocio se encuentra relacionado con tus talentos, principios y potencialidades para dar respuestas a las necesidades de los otros.

La pasión y el placer

Las cosas que mejor hacemos son aquellas que disfrutamos.

En una situación placentera podrás encontrar ideas y oportunidades con facilidad y podrás llevarlas a cabo de forma eficiente como consecuencia de la experiencia y el conocimiento que acumulamos a este respecto.

El placer, la pasión y el trabajo unidos constituyen una fuerza natural para avanzar.

EL TALENTO

Todas las personas tenemos habilidades que nos distinguen de los otros, son aquellas actividades que realizamos con gran eficiencia sin que implique un gran esfuerzo. Esto es lo que llamamos talento y nos resulta tan natural que muchas veces no podemos identificarlo.

El talento puede ser el resultado de nuestra personalidad, de cualidades genéticas, así como de la experiencia. Normalmente se asocia con las habilidades artísticas, pero puede ser tan diverso como lo es el mundo.

Existen personas con la capacidad de correr muy rápido, también de memorizar grandes cantidades de información; de la misma manera hay talentos más sutiles como resolver cualquier problema por teléfono o imitar lo acentos de las diversas nacionalidades.

Un talento es una ventaja competitiva, no importa su origen. Entonces, es de esperarse que si enfocamos nuestro esfuerzo al desarrollo de tareas que nos resultan naturalmente fáciles, podremos obtener resultados mucho más rápido que si tomamos un camino que sea más ajeno y desafiante.

Utiliza tu talento como un punto de partida, no como una limitante. Siempre podrás aprender cosas nuevas a lo largo de tu vida.

LOS PRINCIPIOS:

Un emprendimiento debe estar alineado con los principios de la persona que lo lleva adelante. No será nunca posible tener éxito, si las acciones que llevas a cabo contradicen tus valores, tus creencias o tu manera de pensar. Por ejemplo, si practicas alguna religión en la que los juegos de azar son mal vistos, seguramente tú tampoco verás con buenos ojos estas actividades, por ende, la instalación de salas de juego, corretaje de apuestas o cualquiera actividad relacionada con el envite y el azar están fuera del espectro de los posibles emprendimientos que se ajustan a ti.

Muchas personas nos hemos visto en la posición de escoger entre el dinero y nuestros valores, nuestros principios, sin duda alguna la decisión correcta es siempre mantenernos dentro de nuestro sistema de creencias

La mayoría de las personas hemos tenido que enfrentarnos a circunstancias en las que vemos comprometidos nuestros principios, en algunos casos nos hemos visto obligados a aceptar, por temor a perder nuestro trabajo, por considerar que no podemos cambiar esa realidad; sin embargo, cuando lo que hacemos se contrapone a nuestros principios y valores, se suprime toda posibilidad creativa, todo ánimo de continuar o se pervierte nuestra identidad. En cualquiera de los casos, los resultados no pueden ser positivos.

La contravención de nuestros valores no ocurre únicamente cuando se trata de incurrir en ilícitos, también sucede cuando no compartes los valores de la empresa para la que trabajas, consideras que los productos que venden son de mala calidad o innecesarios, pero muy particularmente cuando sientes que lo que haces no tiene ningún propósito.

Si invertimos la polaridad, trabajar en algo en lo que crees, en algo que consideres contribuye a hacer del mundo un lugar mejor es siempre un estímulo positivo para el crecimiento.

ESENCIA DEL EMPRENDEDOR

Ayudar a otros es la esencia de cualquier negocio, por lo tanto, un emprendedor es una persona con vocación de servicio, que está dispuesta a dedicar su tiempo y su esfuerzo a satisfacer las necesidades de otras personas, para con ello obtener su satisfacción propia.

En este sentido, ayudar a los demás no solo hace nuestro negocio más rentable, sino que nos hace personalmente más productivos.

Analizar las formas en que de hecho ya ayudamos a los demás, nos orienta a elegir el negocio correcto para nosotros. Es cuestión de mirar en nuestro día a día e identificar las acciones que normalmente emprendemos y que tienen como resultado el beneficio de las personas a nuestro alrededor.

Completa la oración siguiente:

- Cuando mis amigos me llaman me piden ayuda o consejos respecto a…

 *Si las personas te identifican como alguien que puede ayudarlos en un ámbito específico, ese es sin duda el ámbito ideal para desarrollar tu emprendimiento. Enfocarte en las necesidades de otros te permite una visión clara de las oportunidades de negocio que más te convienen y pueden ayudarte a comprender cuáles son tus necesidades de profesionalización.*

En general es fácil perderse en una maraña de preguntas (¿es mi producto realmente necesario?, ¿el precio propuesto es justo?, ¿su imagen es la más adecuada?), considerar las necesidades de los otros nos da variadas perspectivas, diferentes puntos de vista que pueden orientar nuestro negocio de manera asertiva.

Un negocio siempre es algo que se orienta a otros, a trabajar con y para otras personas, pero también es una forma de generar beneficios personales; en consecuencia, debemos asumir que al hacer algo para otros podemos generar ganancias, eso hace que el negocio elegido sea rentable y por ende positivo para nuestras vidas.

Generar ingresos nos permitirá acceder a capacitación, a la adquisición de equipos y a la mejora en general de diversos aspectos de nuestras vidas.

Un buen negocio es aquel que contiene los cuatro factores:

- Te permite desarrollar una actividad que te gusta
- Aprovecha al máximo tu talento

- Está alineado con tus principios
- Tiene el potencial de influir positivamente en la vida de las personas

Las ventajas serán:

- Estarás feliz de trabajar diariamente
- Resaltarás de manera natural
- Te sentirás motivado
- Generarás relaciones positivas con tu entorno

CÓMO ELEGIR UNA IDEA QUE SEA RENTABLE

Habiendo identificado el nicho de tu emprendimiento, te corresponde ir depurando la idea hasta convertirla en un modelo de negocio claro.

Puedes hacer una lluvia de ideas, colocar en ella todas las ideas, por disparatadas que parezcan, que se vinculen con el área de negocios que has escogido. Recuerda que un mismo nicho puede tener varias orientaciones. Por ejemplo, si has descubierto que te gusta lo relacionado con la atención al público pudieras estar en el ámbito turístico y dentro de este, puedes estar en la hostelería, en el excursionismo, en el área de la comida y los restaurantes, entre otras. Una vez allí debes preguntarte hacia qué foco específico están orientados tus talentos, qué es lo que más te gusta e ir afinando progresivamente tu idea.

Hazte las siguientes preguntas:

- *¿Es algo con lo que podré generar los ingresos que necesito/quiero?*

- *¿hay suficientes personas como para que el negocio se sostenga?*

- *¿están dispuestas a invertir dinero en lo que quiero crear?*

- *¿y al precio que yo pienso?*

VALIDA TU IDEA DE NEGOCIOS

Lo que suele ocurrir a la mayoría de los emprendedores es que suponen que el negocio que van a iniciar tiene factibilidad dado que para sí mismos resulta práctico, importante o de interés.

Antes de que un sueño se haga realidad debes verificar que no sólo es tú necesidad, sino que también es la de otros. Para ello, según el modelo Lean Canvas, debes generar hipótesis sobre:

- El cliente que deseas captar: su comportamiento, quién es y cuál sería su respuesta a nuestro producto u oferta de servicio.

- El problema que deseas resolver: Son todas las variables que intervienen en la posibilidad de que tu producto o servicio pueda ser la respuesta o solución a un problema específico.

Una vez que hayas desarrollado tus hipótesis debes cuestionarlas. Este cuestionamiento puede estar basado en conocimientos de mercadeo, administración o simplemente en el sentido común y la experiencia.

ESTABLECE EL MODELO DE NEGOCIO

- Desarrolla la idea para el canal de comercialización: Define el medio a través del cual harás que tu cliente te conozca y acceda a tus productos y servicios.

- Dale valor a tu cliente: Identifica la forma de relación que vas a establecer con tu cliente, qué efecto tendrá en ellos tu marca.

- Diseña tu estrategia de ingresos: Aunque parezca obvio todos los negocios deben establecer cuál será su sistema para acceder a los ingresos. La mayoría de las personas piensa de manera axiomática en las ventas directas, no obstante, también se pueden generar otras formas como las suscripciones, el cebo y el anzuelo, los piramidales, etc.

- Determina los recursos que requieres: Define los artículos, equipos, personas y todo aquello que será necesario para permitir que el negocio avance.

- Planifica tus acciones: Debes conocer y programar los procesos necesarios para manufacturar tu producto o realizar la prestación del servicio, también es necesario que decidas cuál va a ser tu estrategia para generar clientes (el mercadeo). Estas son las acciones cuya puesta en marcha permiten que nuestros productos y servicios lleguen a manos de nuestro cliente mediante una propuesta que nos dé a conocer, mediante una serie de canales y con un tipo concreto de relaciones

CAPÍTULO 6

RECURSOS QUE TODO EMPRESARIO NECESITA

Una organización, no importa lo bien diseñada que esté, es sólo tan buena como las personas que viven y trabajan en la misma.

DEE HOCK

El dinero no es tan importante como tus ganas de echar adelante, mi experiencia me enseñó que cuando amas algo logras obtener la mayor cantidad de conocimiento de ello y una vez que lo has logrado hace falta constancia y estrategia para echarlo adelante, observa a continuación lo que he aprendido y lo que trato de mostrarte, para que con ello puedas consolidar el mensaje que te he presentado a lo largo de estas líneas.

1. Definir a quién va dirigido tu producto, quiénes son tus clientes potenciales.

2. Establecer tu plan estratégico empresarial es donde defines tu misión, tu visión, cuáles son tus valores, cuál es la promesa de tu marca, cuáles son las metas de la empresa.

3. Crear tu plan estratégico de mercadeo, en él vas a manifestar cómo llevar tu producto o servicio al mercado que has escogido.

4. Define de dónde obtendrás los recursos monetarios para iniciar tu negocio. Algunas de las opciones más comunes son:

   a. De tus ahorros o inversiones personales,

   b. Pedir un préstamo a bancos u organizaciones que financian emprendimientos y empresas pequeñas.

   c. Inversionistas

   d. Socios

   e. Pedir apoyo a organizaciones que dan becas a negocios pequeños, investigan y colaboran con las cámaras de comercio locales. Estas organizaciones no siempre pueden aportar dinero, pero suelen tener conexiones y podrán remitirte a empresas, instituciones u otras organizaciones que pueden ayudarte.

5. Determinar las formas de contratación y remuneración qué más se adapten a tu modelo de negocios. Para ello debes conocer la legislación de tu país en materia laboral y tributaria.

6. Determinar el precio adecuado de tu producto o servicio:

    a. Realiza una investigación de mercado que te permita conocer cuál es el valor de productos iguales o similares al tuyo.

    b. Haz un análisis de costo para conocer cuánto cuesta producir tu producto o prestar el servicio que deseas poner en el mercado.

7. Utiliza la tecnología, el internet y redes sociales para promocionar tu empresa.

8. Deja que tus clientes hablen por ti

    Una vez que has prestado tus servicios o vendido tus productos, genera los medios para recibir retroalimentación de tus clientes. Esto te permitirá conocer cuáles elementos debes mejorar, cuáles puedes resaltar y además de ello es una herramienta fuerte a la hora de promocionarte. Si además de ello obtienes testimonios en video de clientes reales opinando positivamente sobre tu producto, tendrás una poderosa herramienta para captar nuevos clientes y mantener los que ya tienes.

9. Forma tu equipo de trabajo y alianzas

    Nombra a quienes necesitas en tu equipo de trabajo. De manera concienzuda haz una lista de las actividades que puedes llevar a cabo por ti mismo, recuerda que debes proyectar el uso del tiempo de manera eficiente y poner metas realistas. Luego haz una lista de todo aquello que requiere atención de otros y por cuánto tiempo. Recuerda que hay asuntos que son de carácter permanente, otros de atención esporádica y otros que sólo se necesitan una vez.

Cuando no tienes demasiado dinero puedes establecer intercambios, alianzas o sociedades con profesionales y empresas que aporten cosas indispensables para el desarrollo de tu actividad comercial, en estos casos debes ser cuidadoso con la valoración que le debes dar a lo que eres, así como al aporte que vas a recibir. Caso contrario podrías perder el control de tu negocio.

10. Fideliza a tus clientes. Emplea estrategias que te permitan entrar en contacto con las personas que ya han adquirido los bienes o servicios que ofreces, también con quienes han visitado tu establecimiento o mostrado interés en lo que haces. Puedes hacerles llenar un formulario de contacto, crear un sistema de membrecías etc.

11. Manejo de licencias y experiencias que tu empresa necesita

En éste caso, si necesitas de alguna licencia que no puedes obtener, puedes contratar alguna persona que cuente con esas licencias para que pueda llevar tu empresa al mercado y que no sea un impedimento.

Siempre hay maneras, puedes encontrar a alguien más, si de verdad te lo propones, que tengan todas esas licencias y recursos que tú necesitas.

12. Crea conexiones comunitarias

Envíales unas cartas a tus líderes comunitarios, para que les digas que estás haciendo, cómo estás trabajando, qué servicios estás ofreciendo. Puedes enviarles una carta de presentación. Al generar lazos con la comunidad tendrás su aval y ellos podrán recomendarte con potenciales clientes.

13. La educación continua

Hay que salir de la zona de confort y reinventarse, mantenernos en constante formación.

14. Enfrentar el temor al fracaso de tu empresa (aprendiendo de los errores de los demás)

Los ganadores en la vida piensan constantemente en términos de yo puedo, yo haré y yo soy. Los perdedores, por otra parte, se concentran en lo que deberían hacer, en lo que deberían haber hecho o en lo que no pueden hacer

DENNIS WAITLEY

RECURSOS ADICIONALES

He creado un video curso y programa de digital para ayudarte a desarrollar tu modelo de negocio ideal basado en tu identidad empresarial, desarrollar y monetizar tus habilidades. Para obtener acceso visita

www.22s.com/mariaerazo

Objetivos De Este Entrenamiento:

1. "Crear Tu Marca Personal Y Empresarial"

    Cristaliza Y Posiciona Una Marca Única Para Que Sobresalgas En El Mercado.

2. "Publicación"

    Vuélvete Un Experto En Creación Y Publicación De Contenido Que Conecte Directamente Con Tu Cliente Ideal.

3. "Monetización"

Genera Ingresos Utilizando Tus Habilidades Y Talentos Únicos desarrollando, y expandiendo las habilidades que son necesarias para lograr el éxito financiero. Aprenderás estrategias para llevar tu idea de negocio al mercado, o llevar tu negocio al próximo nivel.

Otros libros publicados por María Erazo que puedes obtener en www.Amazon.com

EL PODER DEL PENSAMIENTO POSITIVO

Guía Diaria Para Obtener TODO Lo Que Quieres, y Lograr El Éxito Transformado Tu Mente.

LA MAESTRIA DE MANEJO DEL TIEMPO

Agenda Diaria Para Tomar Acción Masiva En Las Actividades Más Importantes Del Día Y Desarrollar Disciplina Y Enfoque.

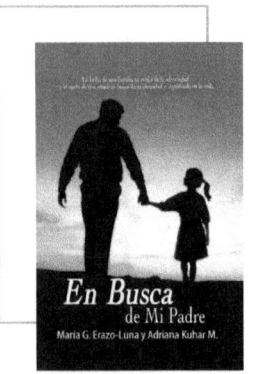

EN BUSCA DE MI PADRE:
La Lucha De Una Familia En Medio De La Adversidad, Y El Sueño De Una Mujer En Busca De Su Identidad Y Significado En La Vida.

Para más información sobre los servicios y recursos ofrecidos por María Erazo visita la página

www.MariaErazo.com

Facebook.com/themariaerazo

@TheMariaErazo

Linkedin.com/in/mariaerazo

TheMariaErazo

#TheMariaErazo

Mente
Emprendedora

www.ingramcontent.com/pod-product-compliance
Lightning Source LLC
Chambersburg PA
CBHW071603220526
45469CB00003B/1101